Entrez par ici...

パリのナチュラルなガーデンスタイル

パリ 素敵に暮らす庭づくり

エディシォン・ドゥ・パリ編

Fleurs et jardins des Parisiens

Introduction

　ツタの絡まる情緒たっぷりの中庭、集合住宅の後ろに隠された庭付きの一軒家。小さなバルコニーや屋上の広大なテラス。石造りのパリの街は、そのファサードの向こう側に、パリジャンも知らないたくさんの庭を秘めています。そんな庭たちを彩るのは、春の訪れを告げるライラックや桜の木、冷たい石壁をふんわり覆うジャスミンやつるバラ、クレマチス。さまざまに趣向を凝らした鉢植えや植え込みの草花。食卓を彩るハーブやベリーのミニ菜園。郊外の大きな庭なら、そこにリンゴやナシの果樹が加わって、自家製タルトやジャムの材料を提供してくれます。

　お気に入りのテーブルを出してティータイムを過ごしたり、友人たちを招待して暮れゆく夏の夜のディナーを楽しんだり。パリジャンのテラスや庭は、春から夏の間、太陽と暮らすリビングルームとなり、子どもたちの遊び場になります。彼らの庭は生活空間の延長。インテリアと同様のデザイン感覚で家具や雑貨を組み合わせ、花の色をコーディネイトします。北向きの小さなテラスも、芝生を受けつけない土も、自由な発想で快適空間に変えてしまったパリジャンたち。彼らの"もうひとつのリビング"を訪ねたら、あなたのガーデンライフに、別の顔が見えてくるかもしれません。

Sommaire

008	Jardin naturel blanc et vert 白と緑のナチュラルガーデン	Isabelle Dubois-Dumée イザベル・デュボワ＝デュメ
016	Jardin rose et violet ピンクと紫の庭	Caroline Ferrari キャロリーヌ・フェラーリ
022	Jardin romantique et fleuri ロマンチックな花園	Josette Benhamou ジョゼット・ベナムー
028	Jardin d'une antiquaire アンティーク商が愛しむ秘密の庭	Marion Held-Javal マリオン・エルド＝ジャヴァル
034	Secret d'un petit balcon 北向きプチ・テラスの秘密	Manfred Geserick マンフレッド・ゲセリック
038	Jardin champêtre sur les toits 屋根の上の田園風景	Famille Lechipre ルシーブル家
042	Jardin méditerranéen suspendu トタン屋根に浮かぶ南仏庭園	Madame Karlin マダム・カルラン
046	Cour collective et conviviale ご近所づきあいのはずむ中庭	Isabelle & Lee イザベル・グリゾン＆リー・シューマン

052	Jardin ludique et coloré カラフルな、おとぎの国の庭	Fifi Mandirac フィフィ・マンディラック
058	Sous le magnolia マグノリアの木の下で	Evelyn & Dirk エヴリン・テール・ベック&ディルク・ベハーヘ
060	Une autre pièce sur le toit 屋上はもうひとつのリビング	Jean-Michel Martin ジャン＝ミッシェル・マルタン
066	La plus belle pièce わが家で一番すてきな部屋	Pascale Cahn パスカル・カーン
072	Jardin japonisant 小さな和風テイストの庭	Martine & Philippe Hervé マルティーヌ&フィリップ・エルヴェ
074	Jardin à deux niveaux 二層構造のミックスガーデン	Famille Bernard ベルナール家
080	Jardin sauvage esprit récup リサイクルでナチュラルな庭づくり	Katia & Edouard カティア・ゴールドマン&エドゥアール・ペラルノー
086	Jardin fantastique avec roses バラの花咲くラブリーガーデン	Françoise Leroy フランソワーズ・ルロワ
092	Le grand jardin de Mamie 4世代が愛するおばあちゃんの庭	Lucie Baron リュシー・バロン
098	Jardin d'un autodidacte 庭好きが丹精する手づくりの庭	Didier Stephany ディディエ・ステファニー
102	Véritable rêve des Parisiens パリジャンが夢見るガーデンライフ	Yvette & Marc イヴェット・ヴァン・デル・リンド&マルク・ボネ

Jardin naturel blanc et vert

Isabelle Dubois-Dumée

白くて四角い家の周囲を木々が囲み、バラや草花、鉢植えの植物があちこちを彩る。野生化してしまったウサギが毎日必ず顔を出す、森の中の一軒家の風情。

白と緑のナチュラルガーデン

イザベル・デュボワ＝デュメ

adresse：パリ郊外 セーヴル
profession：雑貨クリエイター
www.lespetitesemplettes.com

　レ・プチット・ザンプレット＝小さなお買い物、を意味する名を持つブランドを立ち上げ、ナチュラルテイストのバッグや雑貨をクリエイトしているイザベル。夫と3人の娘とともに暮らすのは、パリの西側にある丘の町セーヴル。「1年ほど前にたった3軒先のご近所から引っ越してきた」という一家の新居は、コンクリート造りの四角い2階建て。「だから、キューブ、と命名したわ」
　家を囲む敷地は、庭というより、まるで自然の林を切り開いて家を建てたかのよう。大きなヒマラヤスギの木を筆頭に、名前も樹齢も知らないたくさんの木々が敷地をとり囲み、家を守っている。野生化したウサギが毎日のように遊びにやって来る、野趣あふれる庭。「引っ越してきたときのまま、あまり手を入れていないの。なるべく自然のままにしたくて」というイザベル。「ヒナギクやクローバーなど、小花や雑草の混じったままの芝生も気に入っているわ」。3人の娘たちが遊び、ガーデンチェアでパパとママンが日向ぼっこをする広い芝生。そして2階のサロンから庭を望むベランダも、イザベルの愛する空間だ。室内と庭の間のような開放的なスペースに、彼女は食卓を置き、ソファを据え、木製のベンチやたくさんの椅子を置いた。食事をしたり、ゲストを迎えて夏のディナーを楽しむスペースは、庭から壁沿いに伸びるピンクや赤のバラが手すりから天井までを彩る。オリーブの木やアジサイから、麦のような穂をつける名もない草まで、大小さまざまの鉢植えを置いたベランダは、庭に負けないくらい自然な風情を醸しだす。
　玄関に上がる階段、サロン、キッチンの窓辺など屋内にも、彼女はたくさんの鉢植えや切り花を飾る。それは食卓を彩るハーブだったり、小さな白い花を咲かせる野草だったり、花屋さんで一目ぼれした、ちょっと不思議なアジサイだったり。「白とグリーンの色づかいで、透明感のある庭が目標。今2回目の夏を迎えて、これから少しずつ、私らしい色に変えていきたいと思っているわ」

運搬用の木製パレットと廃材で、イザベルは子どもたちの遊び小屋をつくった。ここは3人の娘たちのままごとハウス。籐のランプや小さな木のスツールが置かれ、まるで人形の家に迷い込んだかのよう。周囲を灌木や低木の葉が覆って、ちょっとした隠れ家の気分。

大きな木々の木陰、シダやツタに覆われた場所には、ごつごつした石が周囲を囲む池があり、金魚が姿を見せる。木々の枝には大小のかごやランプや鳥かごをところどころに飾って。太陽の訪れが早かったこの年、5月にはもう、アカシアの木に豆の房がたわわに実っていた。

金魚のいる池
ママンのつくってくれた遊び小屋
3人の娘たちも庭が大好き

広い自然の庭に加え、鉢植えの植物もたくさん。キッチンの窓辺を飾るハーブ類はもちろん、まるで雑草みたいな草やツタ、マーガレットやエケベリア、エルダーフラワーやツルアジサイなどが玄関先や外階段まわり、建物の周囲、そしてサロンをも彩る。花の色は白に限定！がイザベル流。

緑の葉と白い花を集めて
軽く透き通るような庭にしていくのが
これからの夢

Jardin rose et violet — Caroline Ferrari

ピンクと紫の庭
キャロリーヌ・フェラーリ

小さなエントランス側の庭も、ひときわ目を引く美しさ。大きな房をつける藤の花の後には、薄いピンクのバラがこぼれんばかりに花を咲かせ、ジャスミンの香りが漂う。

adresse：パリ20区
profession：弁護士

20^e arrondissement

　弁護士のキャロリーヌが住むのは、20区の通称カンパーニュ・ア・パリ。パリの田舎という名のこの地区は、1920年代に建てられた一軒家が集まる場所。いくつかの石段に囲まれた丘の町は、静かな住宅地として知る人ぞ知るエリアだ。どの家もエントランス側に小さな庭があり、壁を伝って葉を茂らせるツタやバラの花が、各家庭のガーデニングへの熱意をそっと垣間見せてくれる。

　キャロリーヌの家のエントランスは、中でもひときわ華やかな存在だ。幾重ものピンクの花びらが美しいバラ、ピエール・ド・ロンサールとジャスミンが壁に沿って花を咲かせる。玄関口には濃い紫色のロベリアの鉢が下がり、訪問客を華やかに迎えてくれる。「つい先月は房が1メートル以上にもなる藤の花が見ごろだったのよ」と残念がるキャロリーヌだけれど、彼女がことに情熱を傾けるのは、家の裏側にあたるもうひとつの庭だ。

　「丘の上のエリアだから、庭は傾斜地。その上、建築現場から出た瓦礫の屑がたくさん混じった質の悪い土だったの」。庭にあったのはビワの木とローリエ。ここに、透明な黄色い実を結ぶナポレオン種のサクラを植え、白いつるバラを加えて、自分の手で少しずつ庭をつくり上げてきた。向かって左手は、アジサイやツツジなど、毎年花をつけながら成長する花の咲く樹木のコーナー。その反対側は、主に一年草を植えて、季節や気分でいろいろな花の姿を楽しむ場所に。「今年は紫色の花が気になって、思い切ってパープルの花に統一してみたの」という花壇には、ニンニクの花やパープルのバラが美しいグラデーションを見せる。窓辺には、「薄いピンクで軽いイメージの花を置きたくて」、ディアスキのプランターを。季節になると、クレマチス・モンタナの白い大きな花も窓辺を飾る。芝生がうまく育たなかった庭の一部を思い切って木の床のテラスにしたばかりというキャロリーヌは、その効果にも大満足。娘たちがはだしで遊べる、小さな楽園が完成した。

019　←丘の町だから、庭は家の1階よりも一段低い所に。階段下には娘たちの遊び小屋を設け、芝生と木のフロアを合わせた庭は、もうひとつの子ども部屋になった。芝生側は、ツツジやアジサイ、スイカズラが毎年かわるがわる花を咲かせるコーナー。

ナポレオンという名の黄色い実をつけるサクラの木の下に、ブランチを楽しむテーブルを置いて。大きな葉を茂らせるビワの木、濃淡もさまざまな緑の合間に花を咲かせる真っ白なつるバラ、低木と木々の下を彩るシダに囲まれた緑豊かな庭。ツゲの木や観葉植物の鉢植えをアクセントに、植え込みには気分次第で一年草を植えて、変化を楽しむ。

サロンから階段を下りると
そこには、小さいけれど
はだしで遊べる
花いっぱいの庭が

今の気分はパープル！
ピンクと紫で
コーディネイトした
お気に入りの花壇

窓辺のプランターには、薄ピンクのディアスキアが花を咲かせる。キッチンに面した窓だから、重くなりすぎないように、真っ白なクレマチスの花もミックスして軽やかなテイストを演出。風が通るたびに屋内にも香りを運んでくれる。庭に出る階段まわりには、パセリやミントなどのハーブの鉢植えを並べている。

ピンクと紫の庭に咲く花々
Fleurs dans le jardin de Caroline

1.観葉植物として人気のホスタ。青みがかった葉が気に入って、鉢植えのまま庭の一角に加えた。 2.「ニンニクの花」と呼ばれるアリウム・ギガンテウム。 3.エントランスを彩る、ロベリアの花。 4.ピンクの大輪の花を咲かせるツツジは、アジサイとともに毎年庭を彩る。 5.窓辺を飾るプランターにはディアスキアの花がいっぱいに。 6.アカンサスの花。その葉は古代ギリシャの昔から、建築のモチーフとしても使われているそう。 7.こちらもニンニクの花、アリウム・クリストフィー。2のアリウム・ギガンテウムとは花の密度が異なる。 8.黄色い実をつけるサクランボはナポレオン。

Jardin romantique et fleuri — Josette Benhamou

ロマンチックな花園

ジョゼット・ベナムー

籐の椅子に花柄の水差し、モチーフ入りのプランターや素焼きの植木鉢、とロマンチックなオブジェで味つけされた庭。冬でも緑が絶えないところがジョゼットのお気に入り。

アパルトマンばかりが並ぶパリ市内にあって、とても希少価値の高い一軒家。そのひとつに住むジョゼットの庭は、ロマンチックな雰囲気が魅力。「最初は芝生にしようとしたけれど、どうしてもうまく育たなくて」試行錯誤の末、造園家に庭づくりを依頼したのは4年前のことだった。隣人の紹介で頼んだ造園家ドゥニーズが作ってくれたのは、ロマンチックな小庭園。芝生を受けつけなかった庭を石畳とソレロリアで覆い、早春から冬の初めまで次々と花が咲くフラワーガーデンが誕生した。

「テーブルを出すためのテラスという感覚ではなく、小さな森のような空間が欲しかった」というジョゼットの言葉通り、ここにはたくさんの植物が所せましと生い茂る。フランスで「処女のブドウ」と呼ばれる実をつけないブドウの葉が家の壁を覆い、「ジャスミンもどき」の名を持つケテイカカズラやつるバラが、ツタと混じり合いながら隣家の建物の石壁をも覆い尽くす。よじれたような葉を持つウンリュウヤナギ、カエデやツゲの木、ビワの木やミズキが茂り、アジサイ、椿やムクゲが木々の足元に花をひらく。寒さの中で黄色い花を咲かせる「冬のジャスミン」ことオウバイやジンチョウゲが2月ごろから季節の到来を告げ、12月までバラが残る、花の絶えない庭。気取りのないさまざまな植物が混じり合って花を咲かせるこの庭は、「私の中では、教会の庭のイメージでもあるの」とジョゼットは言う。

春から夏にかけて、パリは、夜10時過ぎまで日が沈むことはない。「ようやく日が暮れるころ、小鳥がたくさんやって来る。そんな時間帯に庭でひとときを過ごすと、一日の疲れを忘れて気持ちがとても落ち着くわ」というジョゼット。ランプや椅子、テーブル、植木鉢など、ロマンチックなオブジェを選んで庭を演出するのも楽しみ。「春先にはいつも、ついつい花の苗を買ってしまって、植える場所を試行錯誤してしまう」。彼女の花咲く庭は、毎年進化を続けている。

adresse：パリ13区
profession：コミュニケーション関係

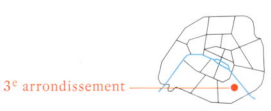

13^e arrondissement

庭への入り口には、メタルのラブチェアを置いたコーナーがあり、屋内から庭へと導いてくれるよう。鉢植えを置く棚やランプのセレクトも愛らしさいっぱいなのがジョゼットらしい。ガラスの大きなランプにはロウソクを灯し、ケテイカカズラの香り漂う夏の夜を楽しむ。向かいにそびえるのは隣の集合住宅の高い壁。シダやアジサイ、ツゲや柳、カエデなど幾重にも緑を植え、さらに壁面にはブドウの木とケテイカカズラ、つるバラたちが絡み合って、まさに印象派絵画のキャンバスのような効果になった。家側の壁も一面のブドウの葉。

家の壁を覆うブドウの葉、隣家の壁に沿って天に伸びるバラ
濃淡さまざまの緑も美しい、小さな花園

2階から庭を見下ろしてみると、三角形の小さなスペースということがわかる。不規則な形の石畳の合間を埋めるソレロリアの緑が愛らしい。

ロマンチックな庭に咲く花々
Fleurs dans le jardin de Josette

1.壁に沿って高く伸び、ピンクのピエール・ド・ロンサールの合間にブーケのように赤い花を咲かせるつるバラ。 2.こちらが詩人ピエール・ド・ロンサールの名を持つ薄いピンクのバラ。家の正面の壁を覆って、高いところにたくさんの花を咲かせる。 3.よじれたような葉を持つウンリュウヤナギはジョゼットのお気に入り。 4.ナンテンの真っ赤な実は、一年中、庭を彩ってくれる。 5.ナンテンの花の小さなつぼみ。 6.鉢植えのインパチェンスは、白からピンクまでを組み合せて、色のグラデーションを楽しむ。 7.8.小さなバラのように愛らしいダブルインパチェンスの花。

Jardin d'une antiquaire — Marion Held-Javal

アンティーク商が愛しむ秘密の庭

マリオン・エルド＝ジャヴァル

　6月初め、1カ月以上も晴天が続いたパリに訪れた恵みの雨。翌朝訪れたマリオンの庭には、たっぷりと雨を吸い込んだ土が匂いたち、花たちも息を吹き返したよう。強く吹いた風のせいで横倒しになったコスモスさえ、心なしか喜んでいるように見える。サンジェルマンにアンティーク・ギャラリーを持つマリオンは、12年前からこの家に住んでいる。18世紀の古い家具とオブジェが、まるで懐かしくて温かい田舎の家のようなイメージを醸しだすタウンハウス。玄関からサロンとキッチンへ向かうと、家の奥に40平方メートルほどの庭がひっそりと姿を見せる。

「引っ越した当時、石畳の中庭にはバイカウツギとカバノキ、イボタノキがあっただけ。スペースの半分にサンルームを設け、残りを庭に、と大改造したのよ」。こうして、石畳の小道沿いに、ツタやつるバラ、藤、そして「ジャスミンもどき」と呼ばれるケテイカカズラが壁面を覆い、たくさんの草花が次々に花をひらくロマンチックな庭園が誕生した。「キッチンの向かい側に見える一段高いスペースは、実はパリの地下墓地カタコンブの入り口のひとつだから、塞いではいけないの」。だから、古びた石壁の質感を生かし、オブジェで飾ったロトンド（半円形のコーナー）に。ブリキのランタンやかごを飾り、公園みたいなベンチを置いて。ガラス張りのサンルームから眺める庭のさり気ない演出は、屋内のインテリアの延長線上。マリオンのセンスを雄弁に物語っている。

　まるでパリの小路そのものの石畳の隙間には、「天使の涙」の別名もあるソレロリアが小さな葉を茂らせる。円形コーナーの足元は、フランボワーズやタイム、セージなどのハーブのスペース。日当たりの悪い木の根元にはシダやフッキソウの葉が茂り、石垣の間から緑の葉を伸ばすベルフラワーは紫色の花を咲かせる。どこにでもありそうな植物が人懐こい顔を見せる、自然のままのような秘密の庭。パリの家々の後ろには、こんな宝物がいくつも隠されている。

庭へのアクセスはサンルームとキッチンから。表通りからは全くわからない、マリオンの小さな秘密の庭園。古びたオブジェたちがアンティーク商ならではのセンスを醸す。

adresse：パリ5区
profession：アンティーク商
magasin：21, rue de l'Odéon 75006 Paris

肌寒い季節には
温かなサンルームで
咲き誇るバラを愛おしむ

茶色いレンガの壁のサンルームは、寒い冬も庭を楽しめる快適スペース。アンティークのオブジェや家具を置いた田舎家のサロン風インテリアは、ガラス越しに見えるナチュラル感覚の庭とマッチする。ガラスの扉を押して足を踏み出せば、そのまま庭の石畳へと風景がつながっていく。

普段はひとりで庭を手入れするマリオン。庭づくりを頼んだ造園家ドゥニーズ・エリソンとは、12年前の出会い以来大の仲良しに。先日家の壁の修復後、つるバラや藤の植え替えを手伝いに来たドゥニーズが、ロトンドの周りにフランボワーズやミカンの木をプレゼントしてくれた。

秘密の庭園を彩る花やグリーンたち

Fleurs dans le jardin de Marion

1.雨の水滴をいっぱいにたたえたアルケミラ・モリスの葉。 2.白いつるバラは家の壁に沿って高く伸び、2階の窓辺にも顔をのぞかせてくれる。 3.サンルームの中に飾られたランの鉢植えは、庭の植物たちをうらやむかのよう。 4.香り高いハーブとして知られるヘリクリサム。 5.さり気なく4〜5種類のバラが隠れているマリオンの庭。こちらは小さな花が集まって咲く小ぶりのバラ。 6.細長い実の変わり種フランボワーズが真っ赤な実をつけて。 7.レモンの香りのするハーブゼラニウムの鉢植え。 8.薄いピンクで八重に開くバラは、マリオンの庭のシンボル。

9. 庭の奥に咲く濃いピンクのバラは、白い斑が美しい。　10.白やラベンダー色の花を秋に咲かせるホスタ、ハニーベルは葉も花も楽しめる。　11.赤く色づいたナンテンの葉も、庭のアクセントのひとつ。　12.ナンテンの花のつぼみ。　13.小さな小さなナンテンの花。つぼみ、花、そして真っ赤な実、赤く染まる葉。何種類もの姿が一年を通して楽しめる。　14.ロトンドの周りには、ハーブやイチゴに交じって鉢植えのミカンも実をつけて。　15.石垣の隙間に植えたベルフラワーは、小さな葉と小さな紫の花が壁を彩る。

Secret d'un petit balcon — Manfred Geserick

ブドウの葉が空に向かって壁を覆う中庭。その脇のグリーンの一角がマンフレッドのプチ・テラス。北向きとは思えない、緑あふれる空間の秘密は、自然の植物と造花のミックス。

「オランダ人は庭がないと生きていけない国民なんだよ」と静かに笑うマンフレッド。メンズファッションの分野でデザイナーとして活躍する彼の住まいは、パリのど真ん中、レ・アル地区にほど近いところにある。にぎやかな通りに面した大扉を開けて中庭に入ると、目に入るのは、ブドウの葉に覆われた壁に溶け込む、グリーンあふれる小さなテラス。10平方メートルあるかないかのスペース、しかも高い建物に囲まれた、日の当たらない北向きのテラスだ。

このアパルトマンに引っ越して来たとき、テラスへのアクセスを第一に考えて、寝室の床を窓の敷居と同じ高さにする工事をした。壁をグリーンに塗り、中央にオリーブの鉢植えを置くことからテラスづくりを開始。「太陽いっぱいのイメージのオリーブだけれど、この木が枯れなければこのテラスも緑にできる、と思った。賭けだったよ」。窓の向かい側の壁に鏡をはり、壁に沿って何段も鉢植えを並べた。緑に覆われた壁面は、パリのケ・ブランリー美術館の有名な垂直庭園も顔負けの美しさだ。

彼のテラスの秘密はもうひとつ、造花が自然のグリーンと同居していること。鏡に映る風景のために「グリーンの映りこみが欲しくて、造花のツタを窓の周りにあしらってみた」のがはじまりなのだとか。よく見ると確かに、ケシの花や観葉植物の葉は本物とは違うけれど、「日当たりの悪いテラスを一年中グリーンに保つアイデアなんだ」の言葉に納得。そして「切り花のブーケの気分で」まめに鉢植えを買い替えるのも小さなテラスを楽しむ秘訣とか。「春はチューリップ、初夏はラベンダー、と花は頻繁に取り換えるよ。デザイナーだから、季節ごとのコレクションみたいに色にこだわる。今は赤やピンクの気分」

透明感を演出するために、白いオブジェと白い花は必ず加え、夜にはロウソクの明かりを灯す。パリの真ん中の小さなフェイク＆ナチュラルのミックスガーデンは、マンフレッドのマジックで、今日も緑いっぱいの姿を見せている。

北向きプチ・テラスの秘密

マンフレッド・ゲセリック

2e arrondissement

adresse：パリ2区
profession：ファッションデザイナー

鉢植えに造花を加えたスーパーミックス
季節を超えてグリーンがあふれる小宇宙

造花のシダやツタからラベンダー、フィロデンドロン、アンスリウムにツツジ、椿。観葉植物から屋外で咲く可憐な花や庭木のたぐいまで、マンフレッドのテラスはスーパーミックス。造花も本物もすべてが絡み合い、調和し合う。壁面には数段に分けてちゃんと土が入っているから、専用のはしごで手入れする。

寝室の床を高くしてテラスに出やすくした。窓を開けると正面には鉢植えをリズミカルに並べた壁。中央のオリーブの木の根元にはラベンダーが咲き、ツタが絡まる。壁や床を感じさせないのは、いつもたくさんの葉が茂っているから。「夏の夜も、植物たちが大気を冷やしてくれるからとても涼しいんだ」

Jardin champêtre sur les toits

Famille Lechipre

真っ白な香り高いジャスミン、ピンクの花が愛らしいペチュニアの一種、サフィニア、そして南仏の香りをたたえるラベンダーやセージの花などが咲き乱れ、まさに田園風景そのもの。

屋根の上の田園風景

ルシープル家

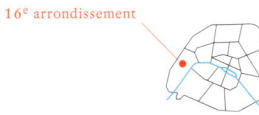

adresse：パリ16区
profession：広告会社勤務

16ᵉ arrondissement

「春から夏にかけて、私たちはこの屋上テラスでたくさんの時間を過ごすの。本を読んだり、ただ太陽を求めて日向ぼっこをしたり、そしてディナータイムを楽しんだり。太陽が顔を出し、暖かい季節が来たら、とにかくテラスへという感じ」。そう語るのは、妻のヴェロニク。ここはパリ16区、集合住宅が軒を連ねる小路。アーティなロフトに暮らすルシープル夫妻は、最上階に、パリの屋根屋根を見わたす110平方メートルの屋上テラスをもっている。「ここにいると、時の感覚を忘れて、とても平和な気持ちになるわ。週末には鳥のさえずりや教会の鐘の音が響き、まるでパリから何キロも離れているような気えさえするのよ」

キッチンに面した出入り口から細長くL字型に延びるテラスは、いくつかの小さな庭が連続しているような構造が特徴。最初は、大きなテーブルのあるディナーのコーナーや小テーブルのティーコーナー、次には子どもたちが小さいころによく遊んだ遊び小屋とブランコのあるスペース。この構造は造園家のユーグ・プーヴェルニュが提案したもの。ライラック、バラ、ペチュニア、セージ、ラベンダー、ジャスミン、セイヨウカノコソウ、エリゲロン……。屋上テラスを埋め尽くす植物の名は枚挙にいとまがないほど。「私はもともとバラが好きだけれど、この庭の魅力は、たくさんの植物がそろって醸しだすハーモニーなの」。さらに奥は切り花と果物のなる菜園コーナーがあり、オリーブ、キウィ、アプリコット、ブドウなどの果樹も実をつける。「菜園ではおいしいサラダ菜とトマトも収穫できるの。そしてこの夏のリンゴのおいしかったこと！」

庭仕事道具をしまうキャバノンの屋根には猫のオブジェが鎮座し、イノシシやサルのマスクが飾られている。「この屋根に上ってパリの景色を眺めることも多いのよ」。ここは都会の空に浮かぶ、田園の断片。まるで野原を切り取ってできた空飛ぶ絨毯のような、そんな空間なのかもしれない。

鳥のさえずり、教会の鐘の音
パリにいることを忘れてしまう

最初のコーナーは大きなテーブルのあるダイニング。丸く刈り込まれたツゲの木、セージやサフィニア、ジャスミンのつるに囲まれたコージーな場所。奥に進むと、昔は子どもたちのためにブランコを吊るしていたという木製アーチが。キッチン側の屋根も、ジャスミンとクレマチスのつるが絡まる、田舎家の雰囲気。

040

041　カノコソウやスイカズラ、エリゲロンなどの草花をあふれんばかりに植えて。ジャスミンのつるも、壁やプランターの縁を隠すようにアレンジ。通路にはみ出すくらいふんだんに草花とつるをあしらったことで、まるで本物の野原のような風景に。後から植えた植物は根つきが悪いので、最初から一緒に植え込むのがコツ。

Jardin méditerranéen suspendu — *Madame Karlin*

パリのトタン屋根の上に出現した庭。高くのびる糸杉の木に、丸く刈り込まれたツゲや、地中海特産のフィレリアの木などが一年中緑を見せる。甘い香りのジャスミンの花が咲き乱れ、ペチュニアやラベンダー、セイヨウカノコソウなどもいっぱい。

トタン屋根に浮かぶ南仏庭園

マダム・カルラン

adresse : パリ6区
profession : リタイア

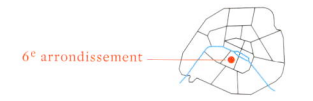

6ᵉ arrondissement

　天井の高い18世紀の建物の最上階。ロフト式のアパルトマンの窓の前には屋上庭園が広がる。「先月はチューリップが咲いて、それはそれはきれいだったのよ」と目を細めるのは、オーナーのマダム・カルランだ。数年前、長い間連れ添った夫に先立たれてしまったけれど、よく顔を見せにきてくれる孫娘の訪問を楽しみに、このアパルトマンで静かにひとり暮らしを続けている。

　彼女のオアシスは、狩りが趣味で自然に囲まれた暮らしを愛した夫の思い出がいっぱいに詰まった、この屋上庭園。「10年前、建物の管理組合が屋根の補修工事を決めたとき、主人が我が家の窓から見える屋根を庭園にしたいと申し出て、このテラスが生まれたの」。造園家ユーグ・プーヴェルニュが夫妻のために考案したのは、パリらしいトタン屋根の上に浮かぶ南仏風の庭。「南仏では、家の入り口に糸杉を植えるのが習わし。糸杉の木とラベンダーは、ことのほか南仏の思い出をよみがえらせてくれるわ」。早春から秋までかわるがわる咲き誇る花は、チューリップやライラックに始まり、藤やラベンダー、ジャスミンにバラ、マーガレットや菊、ナデシコなどの草花まで。糸杉やツゲなどの常緑樹が、冬の間も、サロンの窓から見える景色を美しい緑に保ってくれる。屋根や外壁の色に溶け込むように、ナチュラルな木材とコンクリート製のプランターを組み合わせ、あふれんばかりの花とグリーンを植えたこの空間は、一歩足を踏み入れると、たちまち野原に舞い込んだような錯覚にとらわれる。ジャスミンも枝をからめる藤棚の下には、小さなテーブルが置かれ、まるで散歩途中に見つけたあずまやのようなコージーな雰囲気。

「夏の夜、ここに腰をかけると、ジャスミンの香りにすっぽり包み込まれてしまうのよ」と語るマダム・カルラン。地中海名物のオリーブとロゼワインでアペリティフを用意したら、そっと目を閉じて。気分はそのまま、南仏のバカンスの夜へと飛んでいきそう。

044

ジャスミンの香りに包まれる夏の夜
暮れゆくパリを眺めながら
心は思い出の南フランスへと旅立つ

←初夏から夏にかけて、たくさんの花が甘い香りをたたえるジャスミン。「夫と過ごしたプロヴァンスの思い出をジャスミンと糸杉に託したの」。藤棚の下にしつらえたテーブルでロゼワインとオリーブのアペリティフタイムを過ごせば、心はたちまち南フランスへ。テラスの一角には泉もあり、絶え間ない水の音が涼やかな気分を誘う。

風見鶏ならぬ闘牛のモチーフが、屋根の上で南仏気分を演出。トタン屋根に合わせて、ナチュラルな木やトタンのプランターを並べたテラスでは、通路にはみ出さんばかりに草花が花を咲かせる。打ち水をしたばかりのトタン屋根が昼間の熱を沈め、夕暮れ近いパリの空ではエッフェル塔がそろそろ光を放ち始める。

Cour collective et conviviale — Isabelle & Lee

「ママン、もっとシロップちょうだい」「私、筆記体の練習で先生に褒められたのよ!」──子どもたちの声が響く中庭。幼稚園が終わって、今日はお友だちと一緒におやつを食べる約束。庭のサクラの木の下で、仲良しふたり組はママンのつくったクッキーをほおばる。

ここはパリ10区、共同住宅に囲まれた中庭。書籍の編集者を務めるイザベルの家は、この庭に面した一軒家、写真家で広告ディレクターも務める夫との住居兼仕事場だ。

パリジャンのほとんどは通りに軒を並べる集合住宅のアパルトマンに住み、住民が共有管理する石畳の中庭があるのが常。けれど、イザベルたちの中庭のようなチャーミングな場所はめったにないはず。もともと造園会社が手がけ、年に一度メンテナンスに来るという中庭は建物の共同所有。それに加えて1階の住民たちはそれぞれに専用の小さなテラスを持っている。「ラッキーなことに、住民同士とても仲がいいし、自分の小さなスペースのガーデニングにも熱心なの」。というわけで、樹木が心地よい影を落とす共同ガーデンを囲むように、周囲に丹精込めた鉢植えや花々が彩りを添える愛らしい中庭が誕生した。

表通りから大きな扉を押し、もうひとつの鉄柵をあけると、そこが住民たちの空間。目の前に笹の垣根が広がり、プライベート感を演出する。垣根の裏には金魚が泳ぐ池があり、柳、モミジ、イチジクなどの木々が木陰をつくる。中央のサクラの木は、春先にはライラックやリンゴの木とともに、たくさんの花を咲かせる。「奥の建物の会社がお休みになる夜や週末は、サクラの木の下にテーブルを出して、お隣さんとわいわい過ごすのが常」というイザベル。「主人はイギリス出身で、父親譲りのグリーンフィンガー。我が家のガーデニングはもちろん、この中庭の樹木の管理も主人の趣味」と笑う。「毎年たくさんの実をつけるリンゴは、コンポートにして娘たちのおやつになるのよ!」

板張りの中庭は住民たちの愛する共有スペース。パリの共同住宅に必ず存在する中庭だけれど、こんなにチャーミングで隣人たちのコミュニケーションの場になっているケースは珍しい。

ご近所づきあいのはずむ中庭
イザベル・グリゾン&リー・シューマン

10ᵉ arrondissement

adresse：パリ10区
profession：書籍編集者／写真家、広告ディレクター

時刻は16時30分。幼稚園終了！
今日のおやつはママンのお手製クッキーよ！

笹の生垣の後ろに隠れているのは、みんなの大好きな中庭。池にはもちろん金魚が泳ぎ、暑い夏の日差しには、しだれ柳やカバノキ、モミジ、そしてイチジクの木がやさしい木陰をつくってくれる。春一番にはサクラとリンゴ、ライラックの木、イザベルの家の壁を覆う藤が次々に花を咲かせる。庭の奥のオフィスビル側はブドウのツタが絡み、ローリエが香り高い葉を茂らせる。いつも子どもたちの笑い声、ママンたちのおしゃべりが絶えない、幸せな空間。英国人のリーは、庭の手入れを自らかって出るグリーンフィンガー。

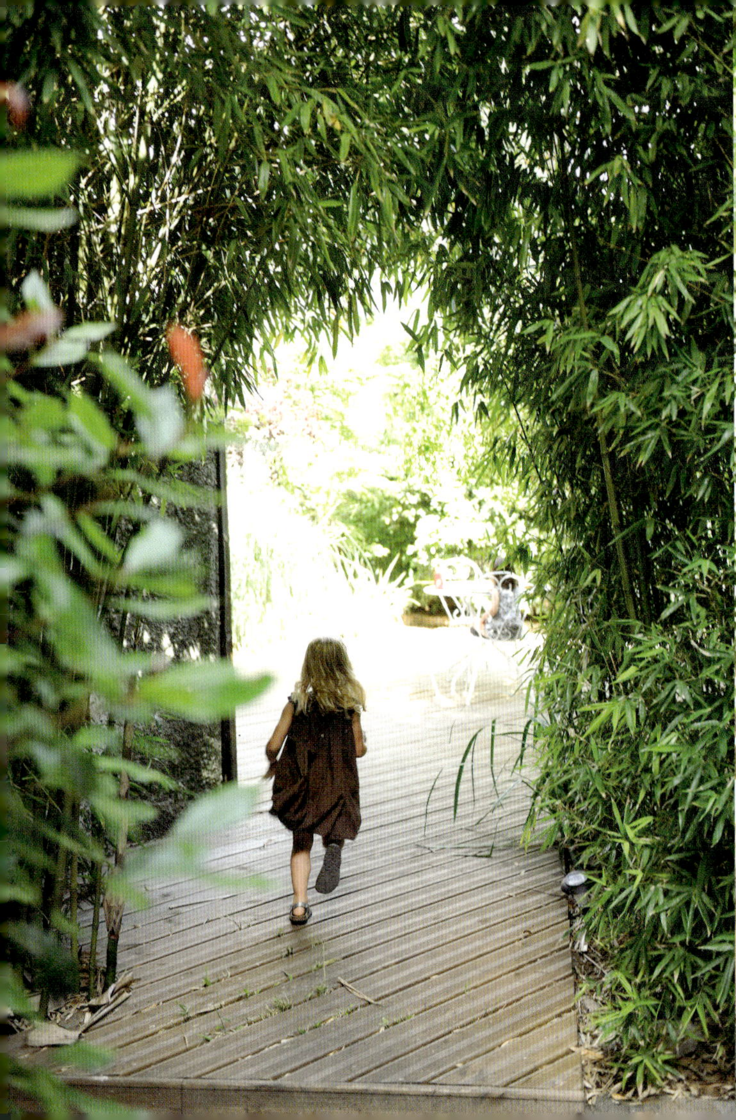
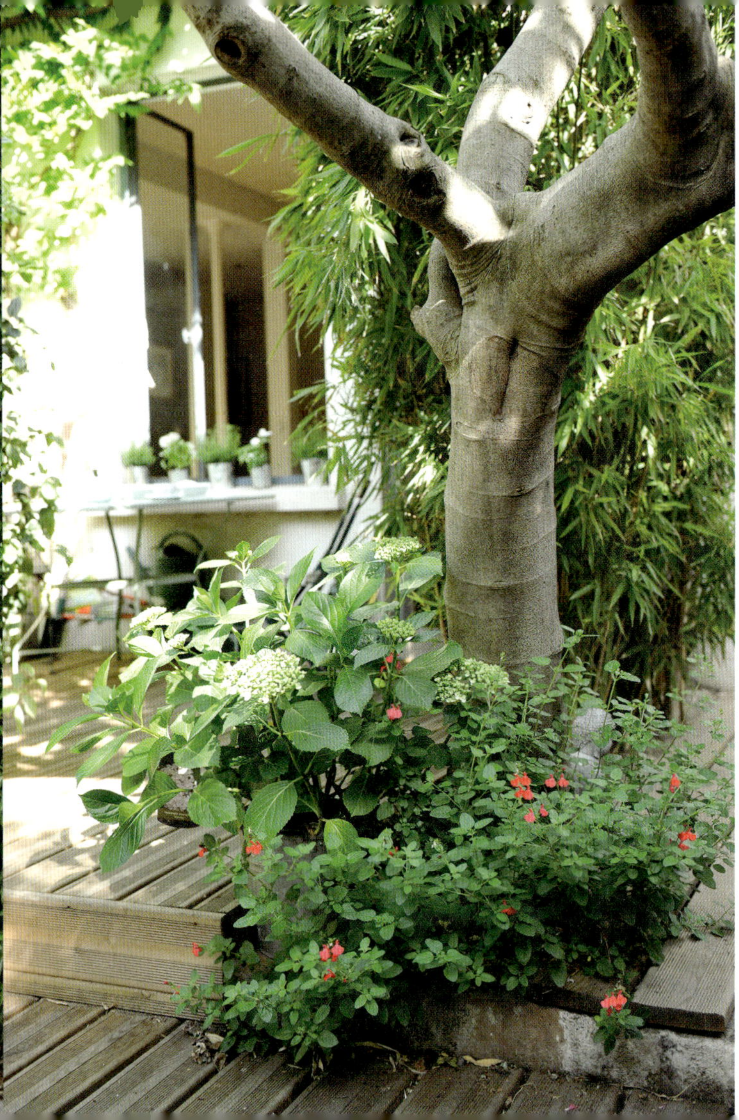

←まるでプライベートなテラスのように、木製の フローリングにした中庭は、石畳とは一味違う 温かな雰囲気を醸し出す。中央の丸テーブル は、住民たち共有のガーデン家具。ここでおや つやアペリティフのひとときを共有する。子ども たちも大好きな場所。

共有の中庭の周囲には、各家庭が思い思いの ガーデニングを。窓辺にずらりと鉢植えを並べ る家あり、仏像風オブジェでゼン（禅）な演出を する家あり。イザベルのテラスは、窓辺にハーブ の小鉢を並べ、白いバラやペチュニア、セージ の花をあしらった、愛らしい雰囲気。

お隣さんの窓辺も我が家のテラスも
みんなで分かち合って

Jardin ludique et coloré — *Fifi Mandirac*

真っ赤な家具と壁をきかせたフィフィの庭は、彼女のクリエイション世界と同じ、カラフルでキュートな雰囲気。まるでおもちゃの国のような楽しい気分にさせてくれる。

　文房具やカード、プリント布地などで、カラフル＆ガーリーな世界を展開する雑貨クリエイター、フィフィ・マンディラック。彼女は4歳の娘と9カ月のべべ、ふたりの子どものママン。パリ郊外の彼女の家は、アトリエのある小さな棟と、住居である母屋、そして2棟をつなぐ広い中庭からなる。
「引っ越したのは5年前。庭の構造は基本的には変わっていないのよ。最初は雑草や気に入らない植物を抜いて整理して、ふたつの家を結ぶ通路に砂利を敷いて……。ちょっとずつ植物を刈り込んで手を入れてきたの」。庭木は、サクラ、ライラック、そしてクルミの木とビワの木。「春を告げるように一番に咲くライラックが大好き。それから、夏のバカンスから帰ると、留守の間にクルミの木がいっぱいに実をつけているのも毎年の楽しみなのよ」
　母屋の1階に大きな窓をあける工事をしてから、庭への眺めはとりわけ大事な要素になった。夏はほとんど庭で食事をするというから、フィフィにとって、この庭は生活の一部。「最初に選んだガーデン家具は、真っ赤なテーブルとバーベキューセットだったわ」。そのイメージに合わせて木の枝にランプを吊るし、ブランコをあしらって、庭の"インテリアデザイン"が始まった。彼女の庭は、フィフィ・マンディラックのクリエイション世界そのもの。カラフルでキュート、まるで人形の家のミニチュアガーデンみたいで、おもちゃの国に迷い込んだ気分にさせられてしまう。
「2年前に、緑色の遊び小屋を建てたの。ままごとや人形遊びをするための、4歳の娘のスペースよ」。そして昨夏には真っ赤なテーブルの脇の壁に大きな鏡をはって、庭はまるで2倍になったように広々した印象に変身した。「もうひとつの変化は、実は人工芝なの」。土質のせいで、どうしても根付かなかった芝生のスペースを、思い切って人工芝で覆ったら、これが大成功。「おかげで、子どもたちがはだしで遊べる、すてきなじゅうたんになったわ」

カラフルな、おとぎの国の庭
フィフィ・マンディラック

adresse：パリ郊外 サンドゥニ
profession：雑貨クリエイター
www.fifimandirac.com
www.les-surprises.com

Saint-Denis

庭のデコレーションの出発点になった、真っ赤なガーデンテーブル&チェア。同色に塗った隣家との間の塀の赤に、遊び小屋のグリーンが鮮やかに映える。窓際にはカンパニュラの花を添えて。昨夏、塀の半分に鏡をはったら、庭がぐんと広くなったよう。アイデアに脱帽！

花柄の壁紙、真っ白な壁や床。遊び小屋は、本物の小さなお家さながら。誰にも邪魔されずに一日中遊べる、スージーのお城。おもちゃも絵本も、キッチンも完備だから、お友だちだって招待できる。中庭は砂利と人工芝の庭だから、土足で遊んでも汚れ知らず。

真っ赤な塀、大きな鏡、緑色の遊び小屋
庭の固定観念を楽しく裏切る、鮮やかな演出

赤い壁の反対側は、ツタと藤のつるに覆われた、ナチュラルな雰囲気が魅力。アジサイが咲く母屋側には、白いメタルのガーデンチェアを置き、赤いランタンを吊るして、ちょっとロマンチックなコーナーにアレンジ。

子どもたちがはだしで遊べる芝生のまわりは
花と緑のナチュラルテイスト

アトリエの棟の2階から母屋の方を眺めると、目の前は子どもたちがはだしで遊べる人工芝のコーナー。壁はツタの緑に覆われ、クルミやビワ、イチジクの木が葉を茂らせる。庭にはセージの小さな花やカンパニュラも可憐な花を咲かせる。

Sous le magnolia

Evelyn & Dirk

マグノリアの木の下で

エヴリン・テール・ベック＆ディルク・ベハーヘ

パリ11区、とある袋小路の入り口。50年代に建てられた一軒家にアトリエ兼住居を構えるのは、オランダ人グラフィックデザイナーカップル、テール・ベック＆ベハーへ。彼らの家は、このエリアの住民たちのランドマーク的存在。それは、家の壁面を覆うブドウの葉と玄関を飾る藤の花、そして何よりも、庭の奥に大きく伸びるマグノリアの大樹のためだ。

仕事でもプライベートでもパートナーであるエヴリンとディルクは10年前にこの家を購入した。一階の広いワンフロアが彼らの仕事場。庭に面した大きな窓には、ブドウの太い幹が、まるでアートのように美しい曲線を描くのが見える。「ブドウだけれど実がならない。その代わり、春から夏にかけて青々とした葉が茂り、秋には真っ赤に色づくのがとてもきれい」。しかもツタとは違って、家の壁を傷つけないのだそう。「住居にしている2階、3階の窓は、真夏ともなるとブドウの葉にすっぽり覆われそうなくらいよ」

彼らの庭のシンボルは、大きなマグノリア。「夏に向けて、大きな白い花を一輪、また一輪と咲かせるの。冬になっても葉を落とさないのもうれしい」。この木の下に、彼らは木製の大テーブルと真っ白なパラソルを出し、特に夕刻のひとときを楽しむのが常。「ちょっとずつ変わってゆく空の色を楽しみながら、みんなでアペリティフのグラスを傾けるのは最高の気分」とディルクはいう。

そして彼らが丹精するのは、石畳の庭を縁取る鉢植えや花壇。椿やホスタ、スイートピーなどの鉢植えをあしらい、植え込みにはたくさんのシダやオーナメンタルグラス、ツゲの低木などのグリーンを絶やさない。その合間に、サルヴィア、ゼラニウム、ガウラ、サンジャクバーベナ、シュウメイギクやキキョウなどの一年草を植え、「白と紫の花を咲かせる花壇を目指している」のだそう。「今後、石畳をもっと昔風の風情に改造し、花壇のグリーンをさらに充実させるのが目標」というディルク。ふたりの庭は、常に現在進行形だ。

家の窓を覆うのは、ブドウの葉。春先からたくさんの葉を茂らせ、秋には真っ赤に染まる姿も美しい。扉から玄関を結ぶ石畳に、花壇のグリーンと鉢植えが彩りを添える。

11e arrondissement

adresse：パリ11区
profession：グラフィックデザイナー
www.terbekke-behage.com

Une autre pièce sur le toit

Jean-Michel Martin

屋上はもうひとつのリビング

ジャン＝ミッシェル・マルタン

パリの東隣の町モントルイユは、アトリエやロフト風の個性派アパルトマンを求めて移り住むグラフィックデザイナーやアーティストたちがたくさん。この町に住むジャン＝ミッシェルは、美術学校で建築を学び、音楽に情熱を傾ける傍ら、モントルイユの園芸学校に学んで、とうとう造園家になってしまった。彼が得意とするのは、パリジャンたちのためのバルコニーや庭。小さなスペースをモダンなグリーン空間に変える、独自のスタイルを持つ造園家だ。

彼の住まい兼仕事場は、自らがインテリアを手がけた、真っ白なアトリエ風アパルトマン。小さならせん階段で屋上のプライベートスペースに上がると、そこはマルタン一家の屋上庭園。「春から夏にかけては、天気がよくなるとすぐに屋上へ。ここはもうひとつのリビングみたいな感覚なんだ。木の床にそのままクッションを置いたり、ハンモックで昼寝したり。子どもたちもグレーのお化けみたいな形の遊び小屋が大のお気に入り」。黒とピンクをテーマカラーに、コンテンポラリーデザインの家具を選び、丸みを帯びた石を飾った屋上は、モダンでゼン（禅）なテイストに、ポップな感覚が絶妙にマッチする。

「よその庭の手入れが仕事だから、うちの庭は手入れ要らずが基本。育てる植物は強くて毎年伸びる植物で、香りがいいことを基本に選ぶ」というジャン＝ミッシェル。よしずで覆った隣家との仕切りには太陽をいっぱいに浴びて伸びる藤、ケテイカカズラ、スイカズラやブドウなどのつるが緑の葉を伸ばす。イチジクが毎年何個か、甘くておいしい実をつけるのも楽しみ。小さなウチワヤシやラベンダーとともに南仏の気分を誘うオリーブの木は、2年に一度の割合でたくさんの実を結ぶ。「たいてい10月ごろに子どもたちと一緒に収穫して、妻が酢漬けにするのが習わし」なのだそう。ローズマリー、タイム、シブレット、バジリコやローリエにセージといったハーブ類ももちろん食卓に上る。ジャン＝ミッシェルの屋上庭園は、空に手が届きそうなモダンリビングなのだ。

はだしで遊べる屋上。リュクサンブール公園の椅子と同デザインのガーデンチェア、折り畳み式の遊び小屋や、グリーンのひょうたん型の鳥小屋など、モダンデザインがマッチ。

Montreuil

adresse：パリ郊外 モントルイユ
profession：建築家、造園家
www.jeanmichelmartin.com

晴天の日は、一日中、日光がさんさんと
さす。ランチタイムのテーブルの上に
は真っ白なトワルをはって。

真っ青な空がひろがる屋上に
オリーブの木がすくすくと枝を伸ばす
──

ハーブ類の植木鉢を並べたコーナー。タイムやローリエ、ミント、シブレットなどはこのコーナーに。白い石で周りを飾るだけで、植木鉢の足元も一味違う表情になる。柳製のよしずにはブドウやジャスミンを。太陽をいっぱいに浴びて、小さなイチゴが実をつけ、ジャスミンの花が香る。

手をかけなくても
すくすく育つ
オリーブやジャスミン
庭師いらずの屋上庭園

化学肥料や殺虫剤とは無縁。カタツムリがやって来てイチゴを横取りするけれど、どこからともなく飛んできて住みついたてんとう虫が、植物を守ってくれる。太陽の恵みがいっぱいのテラスでは、夏にはイチジクやブドウが甘い実をつけ、秋にはオリーブの黒い実が収穫できる。

屋上リビングに育つ花々
Fleurs sur le toit de Jean-Michel

1. 「詩人のジャスミン」の名前を持つバイカウツギ。甘い香りが好まれる花。 2. 秋に黒い実をたくさんつけるオリーブは、初夏に小さな花を咲かせる。 3. 鉢植えの根元には、鉢やプランターからあふれて伸びるように、ミュレンベキアを植えて。 4. セアノサスの鮮やかなブルーの花。 5. イチジクの造形的な葉っぱがフランス人は大好き。鉢植えでもおいしい実をつける。 6. 薄ピンクの小さな花をつけていたウツギ。 7. どこからか種が飛んできたのか、鉢植えに根を下ろした雑草。小さな黄色い花が気に入って、抜かずに残している。 8. ケテイカカズラは別名「星型ジャスミン」とも。

La plus belle pièce

Pascale Cahn

頭上に真っ青な空が広がる地上10階のバルコニーは太陽いっぱい。オリーブの花やラベンダーも元気に花を咲かせる。愛犬たちも走り回ったり日向ぼっこをしたり、うれしそう。

わが家で一番すてきな部屋

パスカル・カーン

20ᵉ arrondissement

adresse：パリ20区
profession：筆跡鑑定士

ここはパリ20区、大通りに面した近代建築。最上階の呼び鈴を押すと、2匹の愛犬が出迎えてくれる。アパルトマンの主は、筆跡鑑定士のパスカル。サロンの一角にデスクと書棚を置き、自宅で仕事をしている。アパルトマンは決して大きくはないけれど、彼女の自慢は真東に向いたバルコニー。周囲の建物の屋根屋根を見下ろす地上10階の高みにある、空に向かって広がるバルコニーは30平方メートル近くもあるだろうか。壁にはバラがいくつもの花をつけ、ブドウの葉が茂り、紫色のクレマチスがビワの木の幹に沿って花を咲かせる。壁と鉄柵を覆うように数々の植木鉢が並び、バコパやタニウツギの白い花、紫色のセアノサスなどが咲き乱れる。

友人でもある家主と協力して、バルコニーを本格的に整えることにしたのは1年前のこと。「花の咲き乱れるバルコニーが欲しくて、ガーデニングの本で見つけた造園家、ドゥニーズ・エリソンに依頼。スリーシーズン花が咲くスペースになって、大満足」。自宅で過ごす時間が多い彼女にとって、このバルコニーはアパルトマンの中で一番すてきな、お気に入りの空間。花に囲まれた丸テーブルは朝食の席であり、昼間は仕事のデスクにもなる。「一番好きなのは、ピンクのバラと、濃いピンクの花をつけるキョウチクトウ。秋に真っ赤に染まる日本のモミジの鉢植えも自慢」

「中国原産のお茶の葉も植えてあるのよ」と笑顔を見せるパスカルはベジタリアン。イチジクやブドウ、ビワの大きな鉢の根元には、小さな白い実を結び始めたイチゴや、初夏から秋まで真っ赤な実をつけるフランボワーズも隠れている。バジリコやトマト、パセリの鉢植えも、もちろん彼女の食卓で活躍中。例年より早く小さな白い花を咲かせたオリーブの木は、筆で花粉を受粉させると実がなるのだそう。「今年はぜひトライするつもり」。パスカルの花咲く屋外サロンは、ベジタリアンの食卓を支える小さな空中菜園でもある。

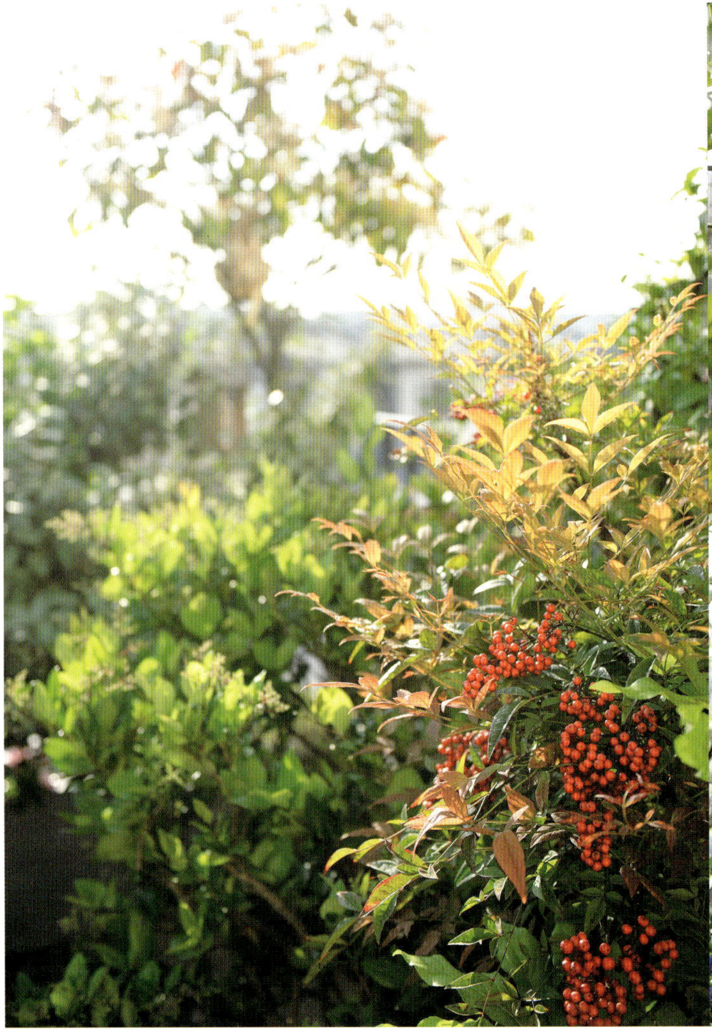
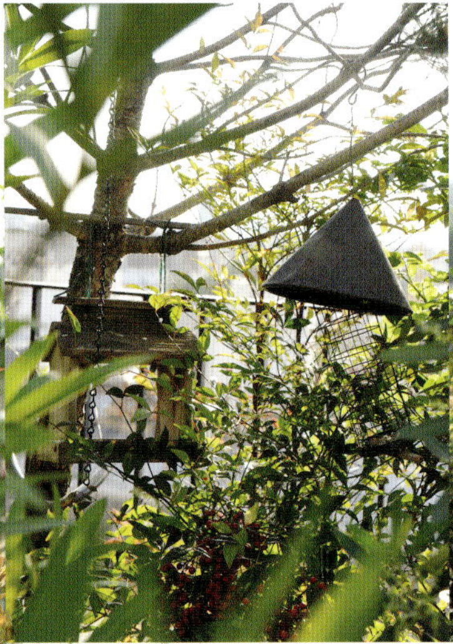
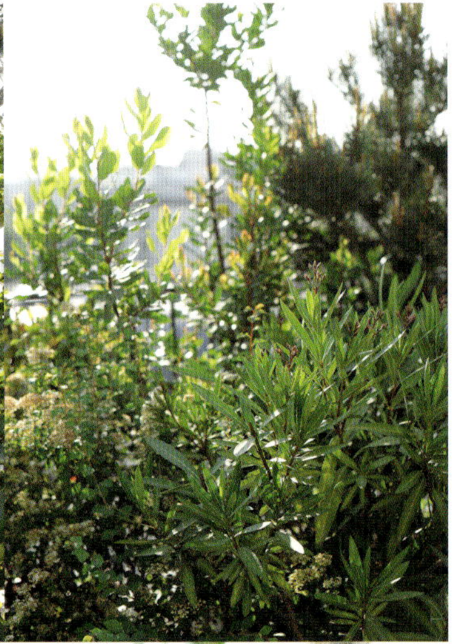
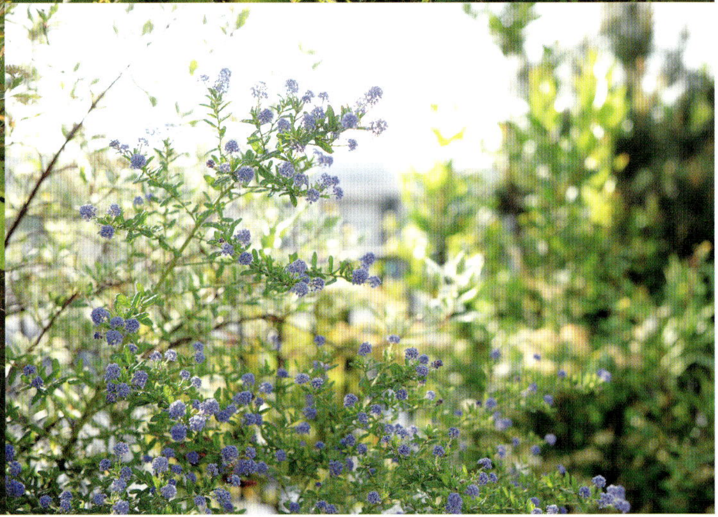

←朝日を浴びる、東向きのバルコニー。赤い実をつけるナンテン、白い小花をつけるミズキ、青い花をいっぱいに咲かせるセアノサス、パスカルお気に入りのキョウチクトウ。鉢植えの低木たちが次々に花や実をつける。モミジや松などの木々が緑のフェンスをつくって、街の騒音をやさしく遮ってくれる。

壁やフェンスに沿って伸びるのは、ケテイカカズラ、実をつけるブドウ、ピエール・ド・ロンサールのバラのつるたち。ビワの鉢植えの根元からはクレマチスが枝を伝うように伸びて、鮮やかに花を咲かせる。イチジクの鉢には赤いセージを植えるなど、大ぶりの鉢の根元には土を隠すように、草花をプラスする。

鉢植えの木々の根元には
クレマチスやイチゴ
バコパやセージが花を添える

南北の角に大きめの常緑樹を配置してプライベート感を演出している。アパルトマンからの出入り口を中心に、北側はテーブルのコーナー、南側は日向ぼっこコーナー。プランターの手前には小ぶりの鉢をあしらって視覚のリズムを楽しんでいる。

071　ベジタリアンのバルコニーに並ぶ植物たち
Fleurs du balcon de Pascale

1

2

3

4

5

6

7

8

1.高さ2メートル程度のナンテンは、ベランダの親密空間をつくるのに最適。赤い実が一年中目を楽しませてくれる。 2.フランスでは「ピンクのローリエ」と呼ばれるキョウチクトウの葉。 3.鮮やかなブルーが美しいセアノサス。 4.壁を覆って高く伸びる人気のバラ、ピエール・ド・ロンサール。 5.初夏に小さな花をつけるオリーブは、晴天続きのパスカルのバルコニーで、一足早い開花を迎えて。 6.秋には真っ赤に色づくモミジの葉。 7.ビワの枝に花を咲かせるクレマチス。 8.松の木は南北のコーナーに植えている。バルコニーを一年中緑に保つには、常緑樹が欠かせない。

Jardin japonisant

Martine & Philippe Hervé

パリの空の下にぽっかりと開けた静寂の世界は、禅庭さながらの趣。ロングチェアの後ろにはクレマチスのツタが伸び、春先には真っ白な花をつける。

　13区の西側、古い町並みを残すことで知られるビュット・オ・カイユ。この丘の南側には、パリでも珍しい一軒家街があって、中華街や高層建築の集まる13区のイメージとはまた違う、静かなパリジャンの暮らしを垣間見せてくれる。じつは低所得者用や労働者用にと20世紀初めに建てられた小さな一軒家たちは、今やパリっ子が夢見る「市内の一軒家」。天気のいい日には、一軒家街の建築ウォッチングを楽しむ壮年のカップルやマダムのグループがゆっくり散歩する姿が見られる場所でもある。

　外からはうかがい知れないけれど、通りに沿って一直線に並ぶ間口の小さな家たちは、いずれも家の中からだけアクセスできる小さな庭をもっている。医師としてパリ郊外に通うエルヴェ夫妻は、そんな一軒家のオーナー。白い壁、シンプルでコンテンポラリーなインテリアのエントランス＆キッチンの向こう、大きなガラスの窓越しに見えるのは、茶庭や禅庭をほうふつさせる和風の庭だ。「僕は禅をイメージして、竹、石、砂のある枯山水みたいな庭が欲しかった。けれど、妻の方はどうしても花が欲しいと言って」というのは夫のフィリップ。ふたりの意見を取り入れて造園家のドゥニーズ・エリソンがこの庭を実現した。

　ナチュラルな木のテラス、竹の塀に笹。真っ白な石を木々の根元にあしらい、庭石を置き、四角く切った池には小鳥が水浴びに訪れる。小さな葉でじゅうたんのように地面を覆うソレロリアは、京都の苔寺にも似た美しさだ。一方、花を愛するマダムのためには、フランスで「聖なる竹」と呼ばれるナンテンを植えた。「初夏に白い花をつけ、真っ赤な実がほぼ一年中、庭を彩ってくれる。葉の色が変わるのもきれいなのよ」。春に白い花をつけるクレマチスは、この庭にあると和風に「鉄仙」と呼びたくなる風情。ピンクの花を咲かせるハナミズキと、お隣の庭から顔を出す濃いピンク色のバラの「借景」が彩りを添える庭には、静かな時が流れている。

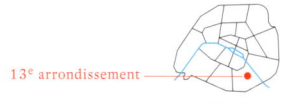

小さな和風テイストの庭
マルティーヌ＆フィリップ・エルヴェ

adresse : パリ13区
profession : 医師

13e arrondissement

Jardin à deux niveaux   *Famille Bernard*

4年前、ベルナール一家が引っ越してきたとき、100平方メートルもの庭は青い柵があるだけの空き地のような空間だったという。一家の依頼でゼロから庭をつくり上げた造園家ユーグ・プーヴェルニュは当時をこう振り返る。「何もない庭で、4人の子どもが駆け回り、跳ねまわっていた。子どもたちの楽しめる庭をつくろうというアイデアが自然に頭に浮かんだよ」

　キッチンのあるフロアから石造りのテラスに出ると、そこは木床を渡した2層構造の庭。奥の高台には木のあずまやがあり、小さな池が静かな水音をたてる。その下のフロアの中央は、ジギタリス、勿忘草（わすれなぐさ）、エゾボウフソウ、インパチェンス、チェリーセージがかわるがわる咲くイングリッシュガーデン。向かって左手には、プチトマト、ブドウ、イチゴ、フランボワーズ、ズッキーニが実り、タイムやシブレットなどのハーブが茂るミニ菜園がある。窓を覆って伸びるクレマチス、藤、バラにジャスミンが、早春から12月までかわるがわるに花をつけ、家の壁面を彩る。

　一家のママン、パメラはスコットランド出身で、以前住んでいたサンフランシスコの家には、和風の石と砂の庭園があったのだそう。「パリのこの家は、シンメトリーでストラクチャーのあるフランス式をベースに、イングリッシュガーデンのイメージをとりいれたロマンチックな庭。私も勿忘草やマーガレットの咲く姿が大好き。子どもたちも自由に遊べるのが魅力で、特に次男のオリヴィエは、お客さまに花の名前を教えたり、つぼみから花になる過程を観察したり、と大の庭好きなのよ」と目を細める。

　仕事に忙しい夫は、週末の夜、ワイングラスを片手にあずまやに腰を据え、正面の我が家の灯りを眺め、家の音に耳をすませる。パメラは、2階の寝室の窓から入って来るジャスミンやバラの香りを愛し、池の水音に耳を傾ける。家族それぞれが愛してやまない庭は、今日も可憐な花をどこかに咲かせている。

今日は水曜日。学校がお休みだから、兄弟一緒に庭で遊べる日。木製の階段を駆け上り、踏み板を渡って植物観察。次男のオリヴィエは庭中の花の名前を知っている。

二層構造のミックスガーデン

ベルナール家

adresse：パリ16区
profession：テクノロジー会社勤務

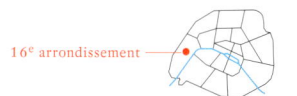

16ᵉ arrondissement

木の階段にあずまや、金魚の泳ぐ池まで！　子どもたちは小さな探検隊

キッチンから庭に出ると、そこは大きな食卓の出せる石のテラス。両脇の階段を上がると、中央はミニイングリッシュガーデン。勿忘草やジギタリス、マーガレットやエゾボウフウなどの白や紫の草花が可憐な姿を見せる。同じフロアの片隅は、子どもたちも大好きな、ハーブとイチゴやトマトの菜園コーナー。木製の階段を上って最上階につくと、金魚のいる池がちょろちょろと水音をたてる。周囲をそっと囲う笹の葉がさらさらと音を奏で、まるで自然公園の遊歩道を歩いているような気分にさせてくれる。

キッチンの大きな窓の下から、パメラの寝室の窓に向かって、4種類の植物が葉を伸ばしていく。春の始まりを告げる藤とクレマチス、夏の夜、寝室に甘い香りを届けるジャスミン。そしてジャスミンよりも高くつるを伸ばしていくのはプルンバーゴ。キッチンから、寝室から、変化に富んだ庭の姿が楽しめる。

2層構造の庭だから、キッチンにも寝室にも、目の高さに花がある幸せ

079　ミックスガーデンをつくるさまざまな花

Fleurs dans le jardin de Pamela

1

2

3

4

5

6

7

1.花をひらき始めたアジサイが木々の足元を彩る。小ぶりの花がパメラたちの庭によく似合う。　2.ダブルインパチェンスはまるでバラのようなあでやかさ。　3.パメラがひときわ愛する、紫色の小さな小さな勿忘草。踏み板を渡るとき、踏みつぶさないよう要注意！　4.菜園で、プチトマトとともに実をつけていた小さなフランボワーズ。　5.英語では「キツネの手袋」と呼ばれる、ジギタリス。　6.5月から夏の間、真っ白な花を咲かせるジャスミンは、家の壁から塀までを覆って、甘い香りを楽しませてくれる。　7.日本ではゲラニウム・エンドレシーと呼ばれる、ゼラニウムの仲間。

Jardin sauvage esprit récup *Katia & Edouard*

リサイクルでナチュラルな庭づくり

カティア・ゴールドマン & エドゥアール・ペラルノー

ハーブの鉢が彩る階段を下りると、そこは笹とツタに囲まれた秘密の庭。動かなくなった原付自転車も庭のデコール。芝に埋もれた飛び石を歩いて行くと、奥には小さな菜園が。

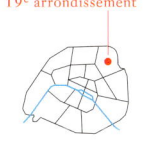

通りに面した大きな扉の後ろに、パリは住人たちの暮らしをひっそりとしまいこんでいる。カティアとエドゥアールのカップルが見つけたのは、古い集合住宅の奥に隠れた、打ち捨てられた一軒家。道路側の建物と、中庭の奥の建物の間に挟まれた小さな土地を買い取って、ふたりは2年前に家を建てた。カティアはシンガーソングライター。エドゥアールは広告マンを廃業して作家活動を開始。ナチュラルな暮らしを愛するふたりは、エコロジーやオーガニックに敏感なボボ世代。以前の隣人だった建築家に頼んで小さな家を建て、雑草の生い茂っていた庭の改造は、ナチュラルな庭づくりを得意とする造園家ユーグ・プーヴェルニューの手にゆだねることにした。

「自然な野原のような雰囲気と、リサイクルがテーマ」という庭は、壊した廃屋のブルーの雨戸を道具小屋のドアにしたり、窓際の鉄柵を植え込みに飾ったり。工事現場で発見した舗石を飛び石に仕立て、昔愛用していた原付自転車をさり気なくあしらったり、とアイデアいっぱい。拾ってきたブリキの大きなバケツも、金魚のいる小さな池に変身した。「野原の雰囲気にしたいから、芝は長めにカット。夏のバカンスで留守した間に、植えてもいないのにインパチェンスが勝手にあちこちから生えてきて花盛りになったのがうれしくて」

家で過ごす時間が多いふたりにとって、この庭は大事な生活空間の一部。春から秋口まで食事やティータイム、アペリティフタイムの場となる、もうひとつのダイニングルーム。家から庭への出入り口はアイランド型の開放的なキッチンから。庭の一番奥にある菜園で摘んだタイムやセージ、トマトやイチゴたちは、テラスの食卓に登場する。サラサラ音を立てる笹の葉と野生のインパチェンスに囲まれたふたりの庭は、町の雑踏を忘れさせてくれる野原の雰囲気。「これから年を追うごとに、つるバラやツタが壁を覆って伸びていくはず。これから楽しみがまだまだいっぱいよ」

19e arrondissement

adresse：パリ19区
profession：シンガーソングライター／作家
www.myspace.com/katiagoldmann

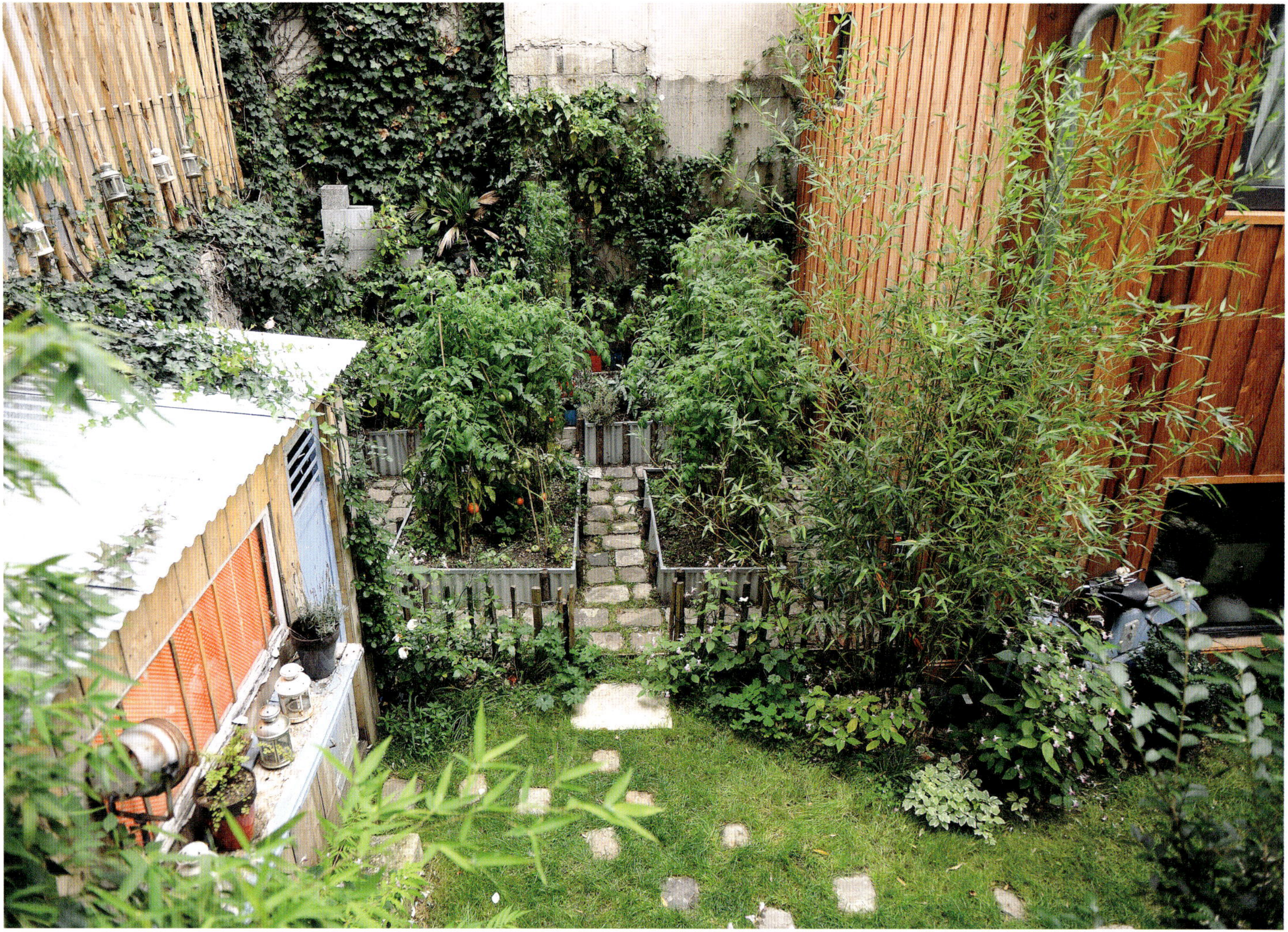

工事現場から出てきた舗石も
お払い箱だった雨戸も
ふたりの庭の
大事な舞台装置

←地面よりワンフロア分低い庭。周囲は木の柵と笹、ツタがプライベートな空間をつくる。つるバラが成長して壁を覆っていく予定。家の工事中にどこからか出てきた舗石は飛び石に利用。家の裏側に回ると、菜園スペースが隠れている。

雑貨づかいがセンスを物語る。ブリキバケツの池、さびに覆われたフェール・フォルジェのロウソク立て、インダストリアルデザインのランプや木製のはしごなど、リサイクル雑貨がナチュラルテイストの庭を演出。勝手に花盛りになったインパチェンスが野趣を誘う。パリ市内とは思えない雰囲気が魅力。

料理好きのエドゥアール、お茶を愛するカティア
ふたりの小さな菜園は、毎日の食卓に欠かせない

玄関を入ってすぐのサロンから、ワンフロア低い庭が見下ろせる。道具小屋のブルーの扉が、背後の建物の雨戸と調和して。菜園に、たわわに実った大きなトマトはエドゥアールの煮込み料理に大活躍。庭のタイム、ミント、レモンバーベナとローズマリーは、ちょっとずつハサミで切ってそのままお湯を注ぐだけで、カティア特製の香り高いハーブティに。

085 パリの小さなナチュラルガーデンの花

Fleurs dans le jardin de Katia & Edouard

1

2

3

4

5

6

7

1.さまざまな種類のアジサイの中でも、真っ白な花を小さな細長い房状に咲かせるノリウツギ。野趣あふれるカティアとエドゥアールの庭にぴったり。 2.長い間放り出されていた庭で、野生化していたインパチェンスが、庭を覆うように花を咲かせる。 3.日本アネモネの名を持つ、シュウメイギクの愛らしいつぼみたち。 4.シュウメイギクの清楚な白い花びらがひらくと、秋の始まり。 5.花が少なくなる秋、カティアはマルシェで買う気取りのない切り花をテラスに添える。 6.紫の野菊にはヒペリカムの赤い実を添えて。 7.「雪の精」の名を持つ可憐なバラ。なんだか野草のような清楚な趣。

Jardin fantastique avec roses — Françoise Leroy

バラの花咲く ラブリーガーデン

フランソワーズ・ルロワ

40種近くものバラに囲まれたフランソワーズの家。家の裏側にある大きなサクラの木の下のテーブルは、お客さまを招待して食事をするときの定番スペース。

adresse：パリ近郊 フォントネー・オ・ローズ
profession：画家

Fontenay-aux-Roses

　パリの南、フォントネー・オ・ローズ。その名も「バラの花咲くフォントネー」という町に、バラに魅せられたアーティストの家がある。主婦として子どもたちを育て上げ、趣味の絵を描きながらひとり暮らしをしているフランソワーズの家は、ピーターラビットや不思議の国のアリスの世界をほうふつさせる、イギリス趣味たっぷりのインテリア。2階のアトリエで描かれる彼女の作品が、家のあちこちを飾っている。

　英国風インテリアの家をぐるりとかこむ広い庭は、15年の歳月をかけて、フランソワーズが一からつくり上げたもの。バラをこよなく愛する彼女は、少しずつさまざまな種類のバラを植え続け、その種類は少なくとも36種。ピンクのロマンチックな姿が人気のピエール・ド・ロンサールはもちろん、濃いピンクの花がいかにもバラらしいピンク・クラウドや、ヨットレーサーの名を持つ紫に近い色のエリック・タバリー、白い大きな花を咲かせるマーメイド、一重の白い花をつけるキフツゲートなどなど。庭の周囲を廻りながら、一つひとつの品種を紹介してくれるフランソワーズは、「丈の低い小さなバラでなく、塀を覆うつるバラや、大きく育つタイプが好きなのよ」とにっこり微笑む。バラたちに交じって根元を飾るのは、アジサイやクワ、スグリの木。庭で収穫する果物は、彼女のお茶の時間に大活躍する。「家の裏側にあるサクラは、初夏にはナポレオン種のサクランボをたくさんつけるの。大きなクワの実やスグリの実はたくさん収穫してジャムにすることが多いのよ」

　木々の間に隠れるようにいくつもの鳥かごが下がり、芝生や木の根元にはウサギやカメ、ヤギなどの動物のオブジェ、庭の小人の像があちこちに顔を見せる、ファンタスティックな庭。塀に沿って茂っていた竹を思い切って取り払い、今年は新しくたくさんのバラを加えたばかりというフランソワーズは、新しいバラたちがいずれ丈を伸ばし、石塀を覆って花を咲かせる日を待ち望んでいる。

たくさんの花と果物、動物たちが潜む
フランソワーズの庭は少女の夢そのもの

庭にはバラ以外の植物もたくさん。大きな木の根元には、鉢植えの花をコーディネートして、華やかさをプラスしている。さび色のメタルの三輪車やガーデンツールもさり気なく庭を飾るための大切なアイテム。

家をぐるりと囲む木々やバラの合間には、アジサイが色とりどりの花を咲かせ、大きなクワの実やスグリの実も色づき始めている。クワやスグリなどのベリー類はフランソワーズのお茶の時間を彩るジュレやジャムになる。ピンクや白の濃淡が愛らしいゼラニウムやインパチェンスの鉢植えも、庭のあちこちを彩る。

サクラやアカシアの木に、たくさんのランプや鳥小屋を吊るして、にぎやかにデコレーション。時折遊びにやってくる孫たちのために、太い枝にブランコも結びつけた。夏になると、朝は裏手のテラスで朝食をとり、昼は表の芝生で読書、と太陽とともに場所を変えながら一日を過ごすという贅沢さ。

庭もオブジェも、英国風
ナチュラルでガーリーなテイストがあふれる

自家製のチョコレートケーキとピーターラビットの食器でもてなすフランソワーズのティータイムは、英国的"ラブリー"な世界。カップの中にも木漏れ日がチラチラと踊って、微笑みを誘う。庭のあちこちにはヒツジやカメ、小鳥や猫、庭の小人のオブジェが飾られ、アットホームで温かな気分を演出している。

Le grand jardin de Mamie — Lucie Baron

4世代が愛するおばあちゃんの庭

リュシー・バロン

パリ郊外、一軒家の立ち並ぶ住宅地。91歳を迎えるリュシーは、孫娘一家とともに暮らしている。リュシーが3階建の1軒家に引っ越してきたのは60年も前のこと。4人の息子たちが遊んだ広い庭は、今や、13人の孫と5人のひ孫たちがかわるがわる訪れる「おばあちゃんの庭」。毎春の復活祭には、たくさんのショコラを隠して、孫やひ孫たちがショコラ探しをするのが習わしだ。

この庭は、パリ郊外で50年代に造園されたフランス式庭園の"一般家庭バージョン"の典型。敷地は腰ほどの高さのツゲの生垣で幾何学的に分割され、小石を敷き詰めた通路と芝生が庭をグラフィックに仕切りながら造形する。春一番を告げるのはライラックとサクラ、リンゴの花。そしてチューリップ、スイセンとアヤメたち。庭にはあちこちに色の違うバラが配され、リンゴのほか、ミラベル、プラム、サクランボにカリンといった果樹が実を結ぶ。生垣で仕切られたコーナーには、たくさんのフランボワーズが実をつけ、シャクヤクやケシ、フューシャやコスモスが順繰りに花をつける切り花用のコーナーもある。夏から秋口にかけて、この家に遊びに来る子どもたちは、庭を探検しながら、もぎたてのリンゴをかじり、サクランボをほおばり、フランボワーズに舌鼓を打つ。ハシバミの木の下でおやつのピクニックをしたり、パパがつくってくれた滑り台で遊んだり、広い芝生の上で追いかけっこをしたり。広くておいしい果物のなるおばあちゃんの庭は、彼らの大きな大きな遊び場なのだ。

町歩きができなくなったリュシーにとって、この庭を散歩することは大事な日課のひとつ。庭を巡りながらリンゴをもぎ、バラやシャクヤクを切ってサロンに飾ることが、彼女の暮らしを彩る。「子どもたちが小さいころは庭の果物を使って、クラフティやコンポートをつくったものよ」。そんな彼女のレシピは、息子や孫たちの家庭で大事に受け継がれている。そして、このおばあちゃんの庭の思い出も、孫からひ孫へと、世代を超えて受け継がれていくに違いない。

60年もの間、この庭は代々の子どもたちの遊び場だった。毎年春の復活祭には、海外在住の孫もやって来て、ちびっこたちのショコラ探しの場になる。

adresse：パリ郊外 シュシー・アン・ブリー
profession：リタイア

Sucy-en-Brie

おやつを食べたり
果物をもいだり
おばあちゃんの庭は遊園地

家側にはチューリップに続いてゼラニウムが花を咲かせる花壇。コトネアスターやヒイラギ、ライラック、ギョリュウなどの庭木とバラがグラフィックに配置されている。砂利道を通って奥に進むと、ツゲの生垣の向こうには大きなハシバミの木が枝をはる芝生。さらに奥にはサクランボやプラムの木が。サクラの木とハシバミの木の間にワイヤを渡したお手製"チロリエンヌ"は子どもたちが大好きな遊具。なだらかな傾斜地のため、雪が積もるとそり遊びもできるとか。

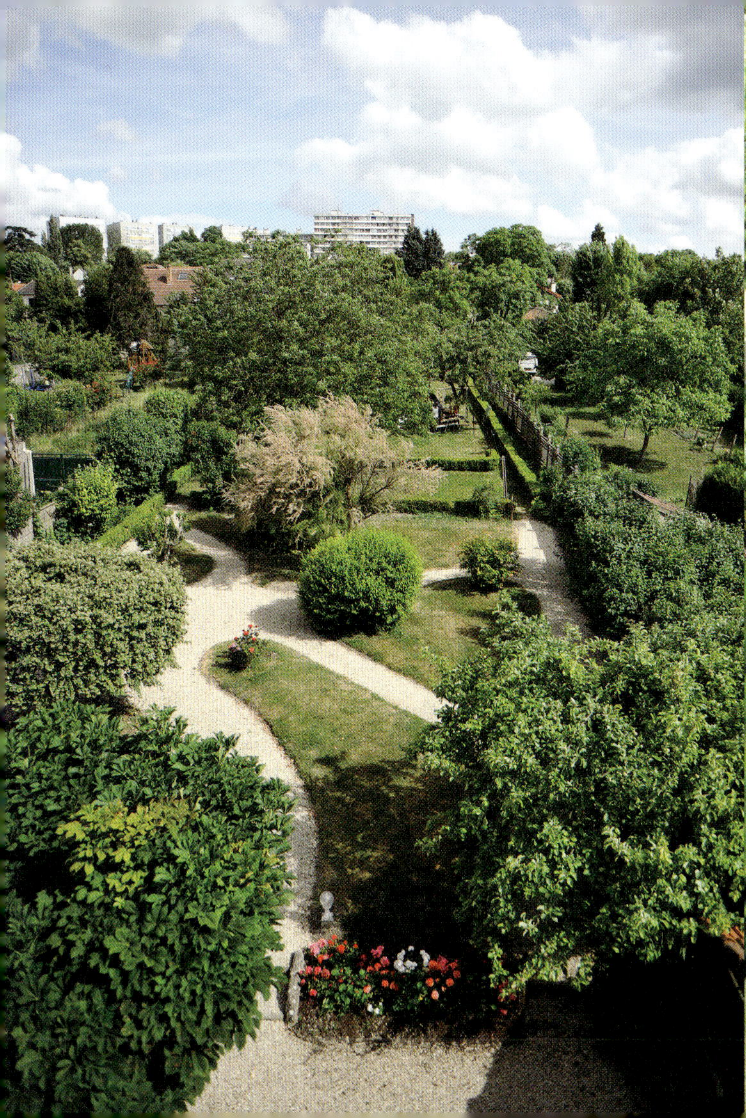

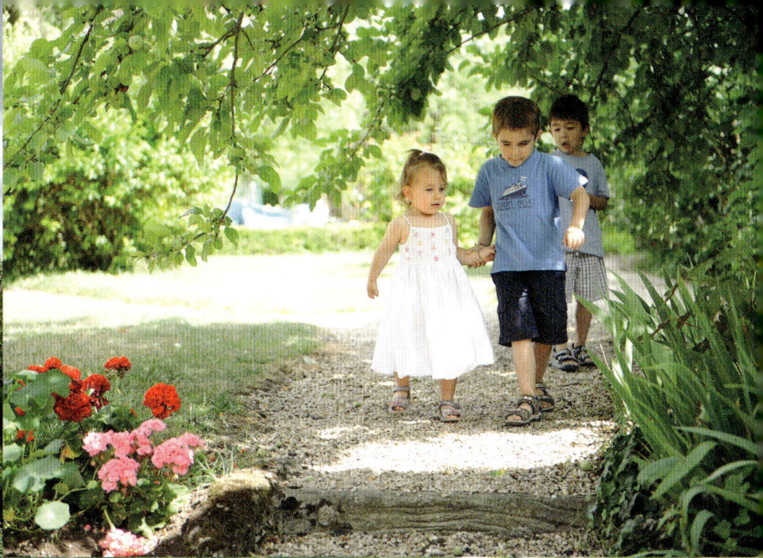

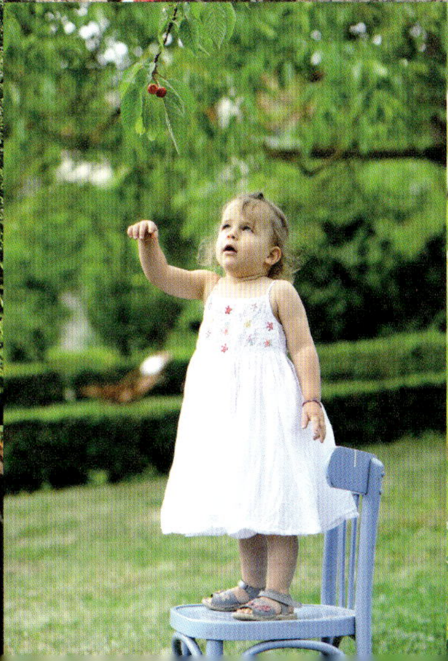

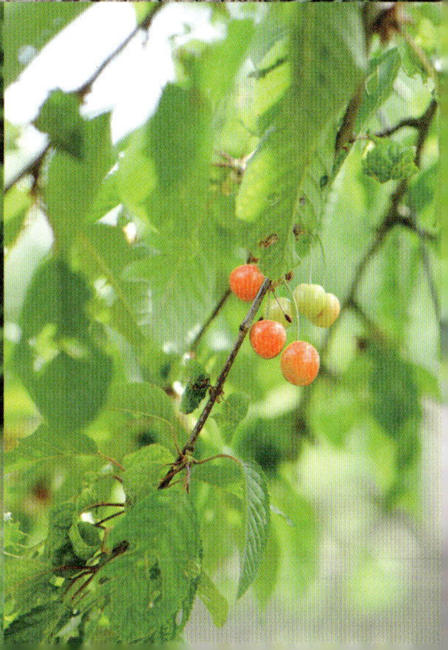

きっちり剪定されたツゲの生垣と
庭木のバランスがクラシックな味わい

パリ近郊の一軒家は、家の裏手に大きな庭が広がっていることが多い。南東に向かって広がるバロン家の庭は1600平方メートルの面積。リュシーが住み始めたころから、木々が花や実をつけるリズムは、ずっと変わっていない。

097　おばあちゃんの庭に育つ植物たち
Fleurs du jardin de Lucie

1

2

3

4

5

6

7

1.初夏を迎えるころ、リンゴの木には小さな青い実が姿を現す。　2.古くから植えられているバラの木は何種類も。玄関わきの濃いピンクのバラは高さ2メートル弱の枝に12月まで常にたくさんの花が咲く。　3.バイカウツギの香り高い花は、リュシーのサロンの常連の切り花。　4.秋口から真っ赤な実をつけるヒイラギは、典型的な庭木のひとつ。　5.初夏の切り花コーナーを彩る大輪のケシの花。　6.夏に小さな白い花が綿のように集まった不思議な花をつけ、秋には葉が真っ赤に染まるルス・ティフィナはウルシの一種。7.低木のバラも切り花に大活躍。

Jardin d'un autodidacte

Didier Stephany

庭好きが丹精する手づくりの庭

ディディエ・ステファニー

adresse：パリ郊外 ビュック
profession：コンサルタント

● Buc

ライトブルーの雨戸とガーデンテーブルが心地よく調和する、ナチュラルテイストの庭。
子どもたちが走り回った芝生は、今では友人たちとのガーデンパーティの場に。

　ヴェルサイユにほど近い住宅地。庭つきの一軒家が並ぶ小道で、バラと藤の咲くエントランスが目を引くのがディディエの家。彼がこの地に住み始めたのは89年のこと。コンサルタントとして多忙な日々を過ごしながらも、園芸好きの妻とともに少しずつ手を入れて、等身大の気取りのない庭をつくり上げた。「僕はオートディダクト（独学の人）。庭仕事をしながら、自然に植物の育て方を覚えた」というディディエの庭は、ヒナギクが咲き乱れる芝生と、家の壁を彩るライトブルーの雨戸に合わせた同色のガーデンテーブルとチェアが愛らしい。広い芝生の一角にはトマトやバラ、チューリップやパンジーを植えるコーナーをつくり、大きな木々の下には、春になるとスミレやスズランが顔を出す。「5月1日に交換し合うスズランの鉢植えを、毎年木の下に植え替えていたらすっかり根づいて、今では春になると自然と芽を出してくれる」。庭の片隅に顔を出した芽やいつの間にか丈を伸ばした雑草かもしれない芽も、正体がわかるまではまず育ててみないと気がすまない。根づかないかもしれない、と思ってもバラの茎を土にさしてみたり。「そんな中から思いがけずきれいな花が咲くと、植物を育てる楽しみが倍増する」というディディエは、友人たちの間でも評判のグリーンフィンガーだ。

　初夏を迎えるころには、玄関を縁取るようにトケイソウが花を咲かせる。エントランス脇には紫色のロベリアやバーベナ、パンジーの鉢植えが丁寧に並べられ、セアノサスやアジサイも満開に。「今気に入っているのは白と紫のルピナスの花。ちょうどきれいに咲いたところだ」。彼の庭のシンボルは、大きな枝をはるヒマラヤスギ。この木の下で、友人を招待して豪快なバーベキューパーティをすることも多い。「引っ越してきたころは小さな木だったのに、こんな大木になるなんてね」。ヒマラヤスギが20年以上も見つめてきたディディエの庭は、今年も、どこかに新しい芽が育っているに違いない。

木々の根元に小さな花が顔を出す
気取りのない、自然体の庭

柳の木の下は、小さなパンジーが可憐な花を咲かせるミニ花壇。季節によって、庭の大木たちの足元にはスミレやスズランが順番に顔を出す。玄関を彩るのは大きな藤。さらにつるバラとトケイソウが趣を添える。家の脇には、ショウキウツギやヤマブキなどの低木が花をつけ、フランボワーズが赤い実をいっぱいつける。

手づくりの庭を彩る花

Fleurs dans le jardin de Didier

| 1 | 2 | 3 | 4 |
| 5 | 6 | 7 | 8 |

1. ピンクのつるバラは背丈が2メートルほどにも伸びる。 2. 香り高いミントの新芽。花壇にはトマトやバラとともにハーブも植えている。 3. 玄関まわりに花を咲かせていた、「銀のクッション」の名を持つシロミミナグサ。 4. 小さなラッパ形のピンクの小花が一斉に開くショウキウツギ。 5. 小さな花が密集し、大きな房のような姿を見せるルピナス。 6. 春先から秋口まで、大木の根元を愛らしく飾ってくれるパンジー。 7. バラも茎のさし木から育ててしまう。種類はわからないけれど、真っ赤なバラがあでやかに咲いたのがうれしい。 8. パープルの房状の小花が可憐なセアノサス。

Véritable rêve des Parisiens

Yvette & Marc

パリジャンが夢見るガーデンライフ

イヴェット・ヴァン・デル・リンド
＆ マルク・ボネ

adresse：ヴェルノン
profession：アクセサリーデザイナー／ギャラリーオーナー
www.egocollectif.com

Vernon

ノルマンディ風の田舎家に移り住んだパリジャンカップル。香り高いバラ園、果物がたわわに実る果樹園、菜園に英国風花壇。友人たちがため息をついてうらやむ、ふたりの庭園。

　パリから列車で1時間。モネの家のあるジヴェルニーにほど近いヴェルノンは、印象派の画家たちの愛したセーヌ河畔の町。パリを擁するイル・ド・フランス県とノルマンディ地方の境目、小高い丘と小川が彩る風景に溶け込む広大な庭に囲まれた田舎家が、イヴェットとマルクのスイートホームだ。シャネルでバッグのデザインを担当するイヴェットと、デザインギャラリー「エゴ・コレクティフ」のオーナーであるマルクは、10年ほど前にパリを離れ、この地にやって来た。「どうしても庭のある暮らしがしたくて。でもパリでちゃんとした庭のある家を手に入れるのは至難の業。思い切って通勤圏ぎりぎりのこの地に移り住んだのは、庭への夢を実現するためだったわ」とイヴェットはいう。ふたりとも、週に2〜3日は列車や車でパリへ通う暮らしを続けている。
　広大な敷地には小川が流れ、春先にはアイリスが咲き誇る。母屋から小川を隔てて向こう側のスペースは果樹園。リンゴやナシ、サクラが次々に花をつけ、実を結ぶ。家の前の植え込みは、マルクが丹精する一年草のフラワーガーデン。「イングリッシュガーデンをお手本に、シャクヤクやニンニクの花など、さまざまな花をミックスしているんだ」。玄関わきのテラスには、藤とバラのアーチが心地よいガーデンテーブル空間をつくる。一番奥は、バラと菜園のコーナー。「今年は仕事が忙しくて野菜はちょっとお休み」。その代わり、インテリアを彩るブーケのためのバラを例年よりもたくさん植えることにした。「なるべく香りのあるバラを集めているの」というイヴェットは、この日、花市で仕入れたばかりのバラの移植に余念がない。愛犬がテニスボールやフリスビーを追いかけて駆け回り、子どもたちがテニスを楽しむ広い庭。夫妻が丹精する果樹や草花は、食卓を彩り、リビングを飾り、パリのギャラリーのウィンドウにも登場する。パリジャンの憧れをそのまま形にした、庭のある暮らし。ふたりは、パリから80キロの通勤圏で、それを実現してしまったのだ。

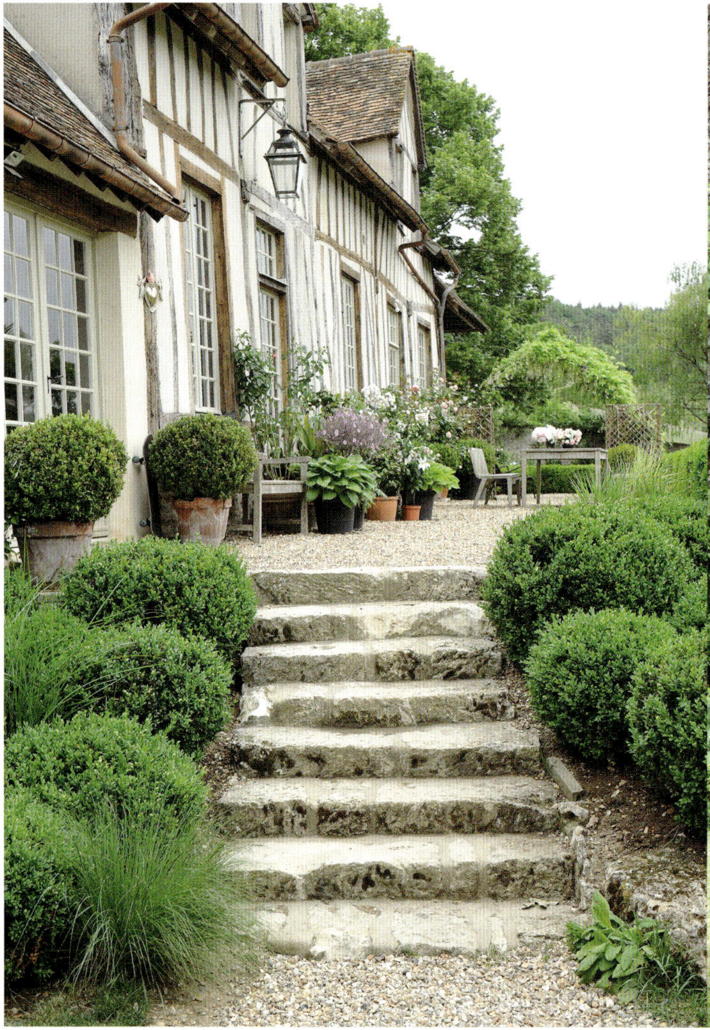
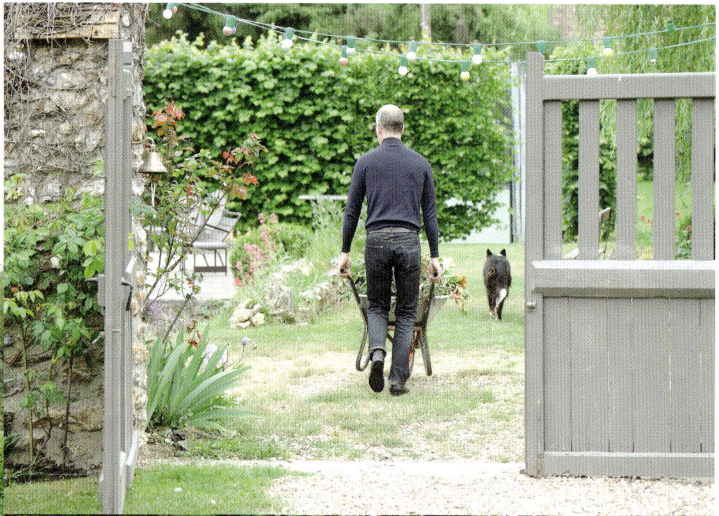
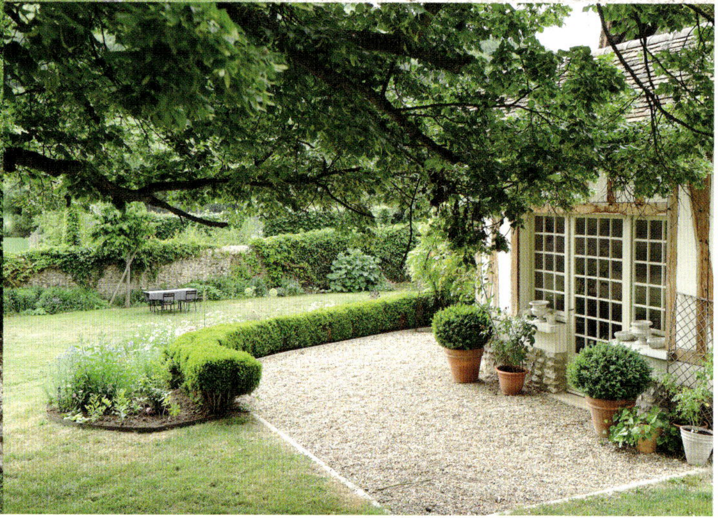

母屋の前のテーブルは
手軽なティータイムや
軽食の場所

―――

←ノルマンディらしい木の構造と瓦屋根を持つ母屋。キッチンからすぐに出入りできる砂利のテラスは、フランス庭園のエスプリをしのばせる、生け垣と丸く刈り込んだツゲに囲まれたスペース。季節には極薄い紫の藤とピンクのバラがアーチをつくる。

母屋の周囲にはユリの鉢植えや白いバラも彩りを添える。片隅に積み上げられた暖炉用の薪も、田舎暮らしを支える大切な小道具。パリ通勤圏の田舎暮らしは、パリジャンが夢見ながらもなかなか踏み切れない、そんな憧れのライフスタイルなのだ。

敷地に流れる小川の風景 106
おいしい実をつける果樹園
周囲に山々を眺める
田舎の暮らし

小川のほとりは、早春には黄色い水仙が咲き、睡蓮やジャイアントホグウィードが続いて開花する。水辺の小さな橋には、紫の花を咲かせるタイムやマジョラムを石の隙間にあしらい、野趣を醸す。

→日差しが躍る水辺の風景は、印象派の画家たちが愛したセーヌ河畔のイメージをそのままに伝える。母屋の壁に沿って、ツツジの花も満開を迎えた。そのほか、大輪のクレマチスやアイリスが競い合うように、順繰りに家の塀や壁に沿って花を咲かせ続ける。

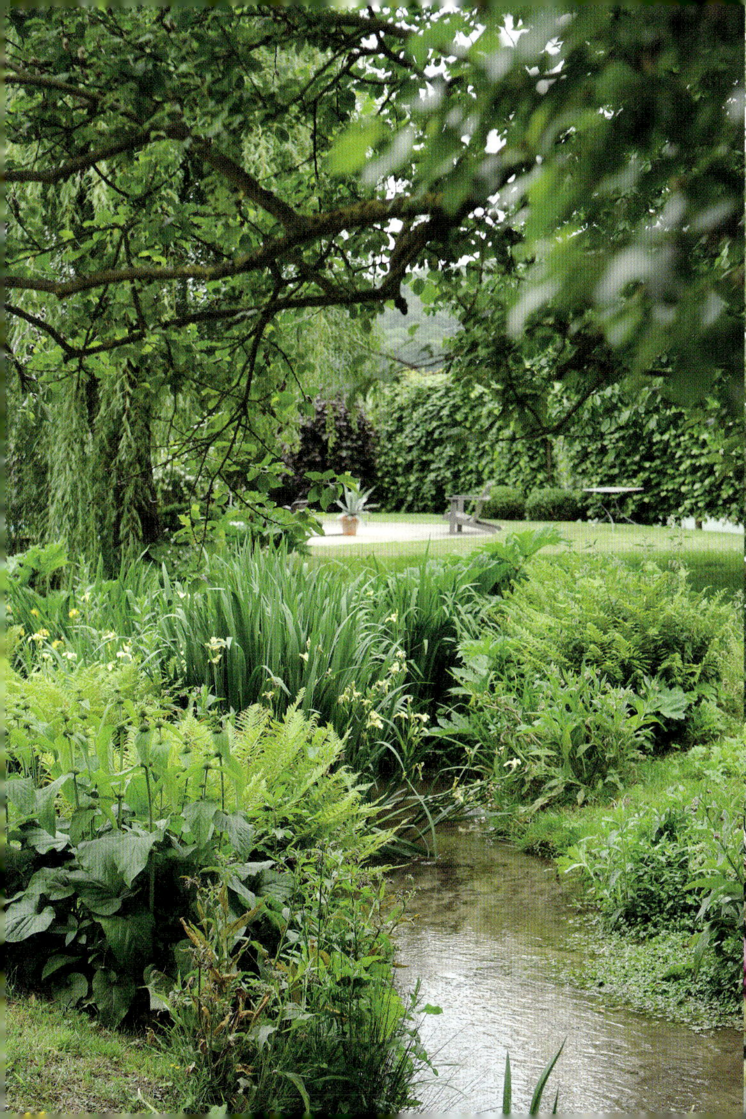

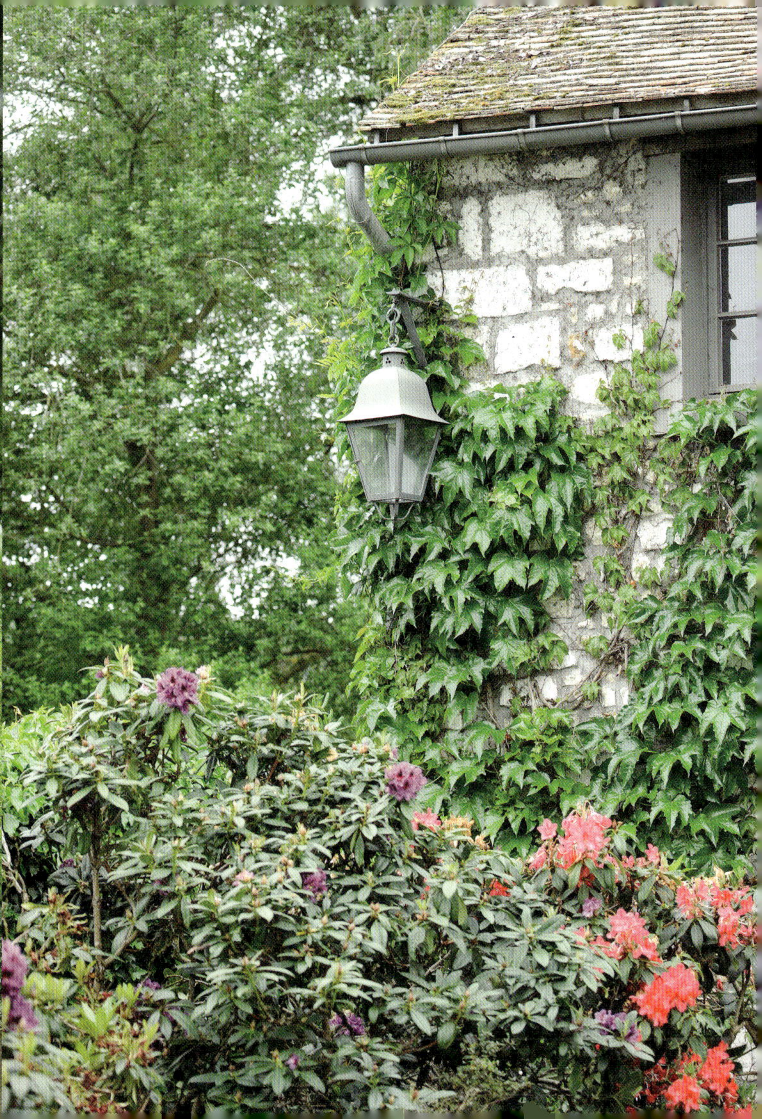

セーヌ河畔の自然あふれる暮らしは
100年前からずっとパリっ子たちの憧れの的

母屋の前の広大な芝生。母屋はブドウの葉に覆われ、庭の中央の立ち木にはブランコが。なだらかに広がる敷地には小川が流れ、リンゴやナシの実る果樹園と、プール、テニスコートまであるという幸せ。パリから1時間強の距離とは思えない、豊かな暮らしが息づく。

パリジャンが夢見る庭の花々
Fleurs dans le jardin d'Yvette & Marc

1　2　3　4
5　6　7　8

1.石畳のテラスを飾る、ピエール・ド・ロンサール。「とっても美しいバラなのに、香りがないのが不思議なの」とイヴェット。　2.小川沿いの小路、母屋の石塀に沿って咲くアイリスの花。　3.イングリッシュガーデンはピンクやパープルの花々が盛り。小さな花を咲かせるのはセイヨウカノコソウ。　4.やはり英国風花壇を彩る、紫色のニンニクの花。　5.ハーブガーデンにはマジョラム、セージ、カレープランツが。　6.大輪のシャクナゲ。　7.独特の造形が不思議な魅力のニゲラ。　8.大輪のケシの花も薄いピンクで愛らしい姿。

Photos／写真	Jean-Baptiste Pellerin
Coordination & textes／コーディネイト&テキスト	Masae Takata
Design／デザイン	Shingo Nakamura (Copanda Varelser)
Maquettiste／DTPオペレーション	Yuki Senoo
Coordination／コーディネイト	Aï Suda
Rédaction／編集	Emi Fukaya
Rédactrice en chef／編集ディレクター	Yoshie Sakura
Editeur／発行者	Kazuhiko Takaghi

Editions de Paris Inc.

Hagitou Bldg. 3F 1-4-24 Taishido Setagaya-ku Tokyo 154-0004 Japon
Tél.+81(0)3-3419-5251
info@editionsdeparis.com
http://www.editionsdeparis.com

Impression	Nikkei Printing Inc.
Distribution	Hearst Fujingaho Co., Ltd.

Remerciements aux paysagistes
（取材協力してくれたパリの造園家）

Denise Hérisson（p22, p28, p66, p72）denise.herisson@wanadoo.fr
Hugues Peuvergne（p38, p42, p74, p80）hugues.peuvergne@wanadoo.fr

パリ 素敵に暮らす庭づくり

2012年3月1日　　　第1版第1刷発行

著者　　　　エディシォン・ドゥ・パリ 編
発行者　　　髙城和彦
発行元　　　エディシォン・ドゥ・パリ 株式会社
　　　　　　〒154-0004
　　　　　　東京都世田谷区太子堂1-4-24 萩藤ビル3F
　　　　　　Tel.03-3419-5251
　　　　　　info@editionsdeparis.com
　　　　　　http://www.editionsdeparis.com
発売元　　　株式会社 ハースト婦人画報社
　　　　　　〒107-0062
　　　　　　東京都港区南青山3-8-38 南青山東急ビル3F
　　　　　　販売本部　Tel.03-6384-5099　Fax.03-6384-5413
　　　　　　http://www.hearst.co.jp
印刷製本　　日経印刷株式会社

定価はカバーに表示されています。
落丁・乱丁がございました際にはお取り替えいたします。
本書の無断転載、複写（コピー）、スキャン、デジタル化等の無断複製は、著作権法上での例外を除き、禁じられています。
代行業者等の第三者による電子データ化及び電子書籍化は、いかなる場合も認められておりません。

copyright©Editions de Paris Inc. 2012
Printed in Japan　ISBN 978-4-573-02219-5

À très bientôt !